La mortaja

Miguel Delibes:
La mortaja

Prólogo de Miguel Angel Pastor

El Libro de Bolsillo
Alianza Editorial
Madrid

®

Primera edición en «El Libro de Bolsillo»: 1970
Décima reimpresión en «El Libro de Bolsillo»: 1995

© Miguel Delibes
© Alianza Editorial, S. A., Madrid, 1970, 1974, 1978, 1979, 1981,
   1983, 1984, 1986, 1989, 1992, 1995
   Calle Juan Ignacio Luca de Tena, 15; 28027 Madrid; teléf. 393 88 88
   ISBN: 84-206-1233-2
   Depósito legal: M. 33.631/1995
   Impreso en Fernández Ciudad, S. L.
   Catalina Suárez, 19. 28007 Madrid
   Printed in Spain

Una aproximación a Miguel Delibes

Este es el cuarto libro de Miguel Delibes que aparece en Alianza Editorial. Los anteriores, cronológicamente, fueron una colección de cuentos, La partida, La primavera de Praga y Viejas historias de Castilla la Vieja. Todo un repertorio capaz, con su variedad, de ofrecernos la medida, la dimensión del escritor. Y, lo que es más importante, su pensamiento. «Pese a su egoísmo insolidario, creo aún en el hombre», escribía Delibes, deslumbrado por la experiencia checoslovaca. Y a continuación: «Los sistemas resultarán ineficaces o crueles —todos— si no alumbramos a un hombre distinto.» He aquí la clave de los escritos de nuestro autor, alumbrar a un hombre

7

distinto. *Para llegar a ese hombre nuevo no
hace falta perderse en la teoría, menos aún
intentar un esquema sobrehumano o mo-
ralista al uso. Los libros de Delibes participan del alegato, pero el novelista ha re-
huido planteamientos previos; ni le ha interesado figurar en el censo nominal de los
llamados novelistas católicos —en el sentido literario del término—, ni tampoco ha
buscado otros adjetivos más o menos hala-
gadores. Propiamente no es novelista cató-
lico, ni social, ni costumbrista y el realismo de sus libros no permite que se le ins-
criba como otra cosa que como un hombre,
no ajeno a lo que sucede a su alrededor, que
se acerca a la vida con una profunda carga
de pesimismo, atemperado por un noble
deseo de lucha pese a todo. Creer en el
hombre, con el talante vital de Delibes, representa un forcejeo constante. Sus libros
reflejan la lucha por instalarse en la esperanza. Por ello prefiere, por vocación o in-
tuición, los espacios abiertos para sus argumentos, especialmente en las primeras
novelas y los primeros cuentos.*

*No ha cuidado mucho el escritor ese va-
lioso material documental de sus cortas
narraciones. Presumo que algunas de ellas,
anteriores incluso a la concesión del Nadal,
se han perdido para siempre. Otras, dise-
minadas en periódicos y revistas, no se en-
cuentran fácilmente disponibles para los*

*estudiosos de la obra de Delibes en con-
junto y vienen exigiendo una tenaz labor
de rescate. La comprensión de Miguel Delibes, que actualmente se circunscribe a un
puñado de novelas capitales, no puede ser
completa si se carece de éstos y otros trabajos, que configuran un material precioso,
no sólo para quienes, en España o fuera del
país, analizan pormenorizadamente su co-
piosa producción, sino también para fijar
el relieve, la trascendencia e incluso la propia trayectoria del escritor castellano. Re-
leyendo estos cuentos de Delibes, escritos
entre 1948 y 1963, podemos advertir clara-
mente el germen de novelas como* La hoja
roja, Las ratas, El camino *y* Cinco horas con
Mario, *por citar algunos títulos.*

*La característica esencial que preside es-
tas breves narraciones es la de la honradez.
Una honradez literaria y humana que va a
jalonar los sucesivos trabajos de Delibes.
A excepción de la primera novela,* La sombra del ciprés es alargada, *dramático proceso de un pesimismo, y de la transición
que iba a significar* Aún es de día, *los posteriores libros participan de un sentimiento de espera, que en el fondo es escrupu-
losa honradez. En* Las ratas *se denuncia
la triste suerte de los burgos abandonados,
la miseria, el desamparo y la incultura en
que se mueve la vida de los pueblos castellanos; en* La hoja roja, *la menesterosidad*

*de las clases pasivas, la soledad del hombre
jubilado, con chafarrinones que nos recuer-
dan a la película del neorrealismo* Umber-
to D. *Es importante destacar que el tema
del abandono patético de quienes han dejado de ser útiles a la sociedad se repite en
uno y otro libro de Delibes, hasta el punto
de que en su libro de viajes* USA *y yo dedi-
que un largo capítulo a los centros asisten-
ciales norteamericanos, a ese innato sentido del agrupamiento propio de las razas
sajonas, en el que, al tiempo que se reafir-
ma la independencia de cada cual, se con-
sigue un mutuo apoyo.* Cinco horas con
Mario *es la atroz radiografía de la sordidez
de las clases medias españolas, todo ello
visto con una lucidez escalofriante. Después del maravilloso libro de nostalgias,
que eso era* El camino, *y tras ese costum-
brismo desenfadado de las novelas de Lorenzo —cazador y emigrante—, el sentido
crítico de Delibes se ha ido afilando. Su re-
gistro de sensaciones escapa de los módu-
los familiares y queridos. Ya no le interesa
tanto al escritor la novela del personaje,
sea el viejo Eloy o Daniel, el protagonista
de* El camino. *La idea de la solidaridad, entiendo que espoleada por acontecimientos
que han impresionado fuertemente a Delibes, tal la conmoción religiosa que repre-
sentara el Concilio, le lanza hacia formas
de escribir, en las que, sin mengua de la*

trilogía esencial por él proclamada —Un Hombre, Un Paisaje, Una Pasión—, se inserta en colectivos sentidos de convivencia. Habría que despojar al término alegato de toda su carga peyorativa y hasta cierto punto degradante, para adjudicarlo a la casi totalidad de las obras de Delibes. Lo que ocurre es que este alegato unas veces asume, muy concretamente en los primeros libros, un carácter unidimensional, como acontece en Mi idolatrado hijo Sisí, limpia respuesta del escritor a un «planning» familiar, cuando el mismo se enmarca en el egoísmo, o como en La hoja roja, quizá la novela más patética de Delibes, con una problemática hasta cierto punto fatal y trágica. Pero incluso en estos libros, como en Diario de un cazador y Diario de un emigrante queda palpable un buído agudizamiento crítico. Sobrenadan, al margen de la peripecia, ese ambiental mundo recreado, esos dardos que en pinceladas sobrias delimitan el radio de acción en el que se ven obligados a moverse los seres de Delibes, condicionados por una sociedad injusta y alienadora.

A partir de Las ratas la conciencia social del escritor despliega una rica e inédita gama de recursos. El hombre y la pasión siguen siendo el eje de los argumentos. Lo que Delibes va a intentar, con excepcional maestría, es ensayar en torno a la evolu-

*ción del paisaje. Si establecemos una com-
paración entre el tierno ruralismo de* El camino *con la hosquedad de ese universo ás-
pero de* Las ratas *advertiremos la hondura
del cambio. En este último libro se permite el novelista hasta incursiones en un arbi-
trismo de la mejor estirpe. Algunas de sus
páginas acusan una mordacidad, poco común en Delibes hasta entonces. Recorde-
mos el fallido hallazgo del petróleo, las dis-
tinciones jerárquicas y, ya en directo, algo
que inquieta seriamente al escritor y al hombre, la superación de las luchas fratricidas.
Pero donde definitivamente todo ello se cor-
poreiza y se hace sustancia medular de su
pensamiento es en* Cinco horas con Mario.
*Miguel Delibes ha actuado con material de
primera mano, ha ordenado, en el largo monólogo de Carmen, sus recuerdos persona-
les, sus experiencias, el rico anecdotario
de cualquier capital de provincia española,
un tanto en esa superposición de planos en
el tiempo y en el espacio, que tan dócilmen-
te iba a admirarse después en la creación
hispanoamericana. Las calidades esperpénticas, que tampoco han sido señaladas como
se debiera, al enjuiciar la obra de Delibes,
alcanzan resonancias insospechables. La es-
tética del esperpento es netamente hispá-
nica. Habría que mirar mucho más atrás
de Goya, tal vez antes del propio autor del*
Buscón, *para encontrar las fuentes desde*

las que mana esa dramática crueldad de-
formadora, ese dolor que retuerce a los
hombres y su destino en una mueca que
parece carcajada y es sollozo.

En los cuentos de Miguel Delibes —y este
volumen incluye algunos muy característi-
cos— se anotan calidades esperpénticas,
conforme al peculiar sentido estético del
escritor. Lo que ocurre es que la deforma-
ción que realiza está vaciada en los mol-
des de un realismo descriptivo. Los árboles
impiden ver el bosque, una vez más, y quizá
no nos hayamos percatado de ese juego de
Delibes, del carácter simbólico de sus narraciones que le hace preferir el empleo de
una lente para la observación de sus personajes. De esta forma, cristalizando las reacciones de los mismos a través de un espejo
cóncavo o convexo, se consiguen más flui-
damente los objetivos fijados.

La inclinación de Delibes, por más que
a veces intente enmascararla, está decidi-
damente a favor de la ciencia infusa. El
autor, a veces con socarronería muy cas-
tellana, se declara no intelectual. «Toda se-
mejanza —escribió recientemente— entre
mi persona y un intelectual será, pues,
pura coincidencia. Quiero decir no que des-
deñe los problemas que nos conciernen a
todos sino que al abordarlos, rechazo el
punto de vista intelectual y los planteo desde donde a mí me corresponde, es decir,

a bajo nivel, como podría hacerlo un campesino de mi tierra.» No hay, por tanto, desafío alguno. Menos aún, ignorancia. Al mundo de las ideas puede servírsele desde distintas y opuestas vertientes. Miguel Delibes eligió ser cronista de una época con todas las consecuencias. Los problemas concernientes merecen un distinto tratamiento en esta circunstancia, y aunque el escritor cuide mucho de que en sus prosas se escabulla el academicismo hay una clara consciencia —todo lo subterránea que queramos— de un oficio intelectual y exigente, primordialmente emparentado con el enjambre de las ideas en cuanto éstas propician un cambio en las condiciones de vida de los hombres, una superación del viejo tabú clasista y una deseable reforma de las estructuras. La obra de Delibes, obvio parece apuntarlo, se escapa de los planteamientos teóricos, de las elucubraciones borrosas, de las tesis ambiguas. Esa ciencia infusa, nacida del amor que siente nuestro escritor hacia los pueblos y sus moradores, se materializa en el Nini, extraña criatura, en donde ha cargado Delibes toda su ternura, en ese «movimiento de piedad ante el abandono del campo».

Los cuentos, o narraciones cortas, que figuran en este libro pertenecen, según expresamos, a un largo período, no sólo por

*la distancia que va desde 1948 a 1963 y des-
de este último año a 1969, sino por la lógica evolución que ha experimentado la creación de Delibes. Más que por su presunta
calidad, lo que posiblemente nos interesa
destacar es el sentido embrionario de muchos de ellos. Muchas veces ha repetido
Delibes que las constantes de su obra se
componen de los siguientes ingredientes:
naturaleza, muerte, infancia y prójimo. Las
propias ideas que sobre la novelación man-
tiene el autor pueden ayudarnos a un breve
empeño radiográfico aplicado sobre estos
trabajos. «De ordinario —escribía Delibes
en uno de sus prólogos— el novelista sobre
la marcha, no repara en las concatenacio-
nes de sus novelas. Cuando hace una novela no piensa en las que le precedieron ni en
las que vendrán detrás. Está inmerso en un
mundo que carece de antecedentes y de
consecuencias.» Lo cierto es que el universo mental del creador siempre discurrirá
en torno a unas coordenadas, aún a su pesar. El mundo artístico de Delibes no podría evadirse de estas reglas. Naturaleza,
infancia, muerte y prójimo, con diferentes
técnicas y tratamientos, van a entremez-
clarse permanentemente en la temática.
Pero asimismo algunas de estas narraciones acabarán, en ese proceso de decanta-
ción propio del artista, maduradas, y lo que
fuera un relato breve se convertirá en una*

novela de doscientas páginas. El escritor seguramente ha olvidado ya el cuento que iba a ser la célula primaria de la idea, pero las imágenes insatisfechas quedan en el subconsciente y pugnan por materializarse. Este proceso, por otra parte lógico, puede permitirnos observar algunas de las anticipaciones de Delibes. La propensión que siente el escritor a lo rural y esa ternura en que —según sus confesiones— acostumbra envolver a estos ambientes y sus pobladores no es óbice para que los ambientes urbanos, casi siempre en la provincia, acusen esa vigorosidad descriptiva que es, con toda certeza, el mérito principal de sus escritos. En esta selección de cuentos figuran emparejados relatos de la ciudad y del campo.

La mortaja, *que da el título al libro —único publicado de los aquí recogidos en el volumen* «Siestas con viento sur»*—, es uno de los mejores cuentos de Delibes. Una narración escueta en la que se conjugan obsesivamente esas cuatro reglas de oro. La naturaleza nos va a llegar en función de la trama. El mejor Delibes, depurado de la barroca y preciosista descripción de* La sombra del ciprés es alargada, *se acerca a un paisaje mil veces acariciado con la mirada:* «El trigo, fustigado por el sol, espigaba y maduraba apenas granado y a primeros de junio la cuenca únicamen-*

te conservaba dos notas verdes: la enmarañada fronda de las riberas del río y el emparrado que sombreaba la mayor de las tres edificaciones que se levantaban próximas a la corriente. El resto de la cuenca asumía una agónica amarillez de desierto.» El Senderines (toda una tesis podría hacerse con los nombres que escoge el escritor para sus héroes) es un precoz Nini, una anticipación del pequeño ratero, enfrentado a la desnudez de la naturaleza, al misterio de la muerte y a la pérdida de la inocencia. Todavía le falta esa experiencia del protagonista de Las ratas, pero, como el Nini, ha sido dejado al albedrío de la temprana y tremenda responsabilidad. Ese amargo contraste entre el terror del niño y la sórdida codicia del Pernales está misteriosa y sabiamente iluminado por Delibes, reprimiendo magistralmente la ternura, dejando el dramático episodio en el más agrio de los realismos. En La mortaja figura la síntesis de Daniel, el Mochuelo, de El camino y el Nini. El Senderines ha dejado de ser Daniel y todavía no se acerca al Nini. Pero hay un largo trecho ya recorrido.

El amor propio de Juanito Osuna representa una aproximación al monólogo que va a utilizar Delibes intensamente en Cinco horas con Mario. Propiamente no se trata, aunque aparentemente lo parezca, de una digresión de caza. Lo cinegético es la super-

*ficial envoltura, como asimismo la fabulilla
del cazador fanfarrón. Lo que se ha pretendido es una acerada crítica social, una afi-
lada sátira del aristocraticismo. El relato,
magnífico estudio de observación, nos demuestra el talento de Delibes para penetrar
hasta el hondón en la entraña de la sociedad que retrata.*

El patio de vecindad, *casi parece inútil
el señalarlo, pertenece a una de las preocupaciones más reiteradas de Delibes, la soledad del hombre. Una soledad que busca
apoyos, que se alimenta de la efímera llama
de una ilusión. El acierto del cuento, no sé
si intuitivo, es haber emparentado ese complejo universo de las ondas, buscadas cada
mañana con ilusión renovada, con el pate-
tismo del viejo jubilado que se entrega a la
afición del «amateur» de la radio exaltada-
mente, hasta que el frío de la realidad lo
enmudece. «El patio de vecindad era esta
mañana un clamor. El viejo oprimió el interruptor y, de pronto, el mundo entero salió de la habitación y penetró en ella el
silencio.» Eloy, en «La hoja roja», encontraba su punto de apoyo en la joven criadi-
ta, la Desi; en otro cuento se nos narra el
mutuo consuelo de dos desheredados de
la suerte que se emborrachan para engañar
su condición de solitarios y desarraigados.
Miguel Delibes se siente fuertemente atraído por esas vidas sin objetivo que se agarran*

al clavo ardiente de una compañía. Esa compañía, el sostén deleznable de la pesada soledad, ha de ser frágil, apenas consistente. Don Hernando se despierta cada mañana soñando con sus cachivaches radiofónicos, encontrando en la cálida voz humana que le llega desde miles de kilómetros el morse ideal para una convivencia necesaria. Hay un grito reprimido del escritor ante todas estas vidas, ya sin otra esperanza que la de un tibio calor. En este breve examen no podemos detenernos prolijamente en la obsesiva idea. Acaso, ¿Mi idolatrado hijo Sisí no es una respuesta, biológica y ancestral si se quiere, a favor de una perpetuación familiar que signifique un escudo frente al desamparo de los últimos años? Cualquier análisis de la obra de Miguel Delibes puede distinguir entre las fuerzas ciegas que actúan como un halo trágico sobre el hombre y aquellas otras que pertenecen a lo accidental, a lo que es previsible y evitable. Posiblemente en todo ello importe separar ese tan traído y llevado pesimismo del escritor, de sus tesis constructivas, valga el adjetivo, bastante desprestigiado, por cierto. El sentimiento de la muerte, el del dolor de los hombres y el poso amargo de la vida, que pudieran significar un existencialismo y en el fondo una práctica doctrina del desaliento vital, está claro que condiciona en buena parte la producción de Delibes. Quizá ha-

bría que pensar en sustituir, al enjuiciar
los trabajos del novelista, al pesimismo por
la desolación. Son dos términos no ya com-
plementarios sino opuestos, en muchos casos. La desolación en Delibes siempre es de
carácter conflictivo. Hay una idea de la
muerte, del declive de la vejez y del dolor
de los niños. Delibes no escamotea la realidad. Lo que ocurre es que rodea la misma
de un naturalísimo efecto normal. Importa auténticamente lo que en derredor a la
muerte, el abandono de los viejos y el dolor
de los niños pasa. Y esa desolación, que
puede parecernos pesimismo no brota de
la pensión inútil de la vida, como escribe
Sartre; está enraizada en un brote poderoso de piedad y de denuncia. Si seguimos
atentamente cada uno de los libros de Delibes encontraremos que el «fatum» no se
erige como protagonista decisivo. Se nace,
se vive y se muere, piensa seguramente Delibes. Esto es lo inevitable y no hay razones para atenuarlo en la obra artística. Lo
que se nos quiere destacar es el manojo de
incitaciones (para ello se vale Delibes del
contraste y de esa caricatura que he consi-
derado como esperpéntica) que actúan contra la codicia, la sordidez, la falta de cari-
dad y amor al prójimo y, ya en los últimos
estadios del pensamiento del escritor, contra unos sistemas que consagran la domi-
nación de unos hombres sobre otros, que

acumulan odios renovados, que coartan la libertad...

«Mi propensión a la naturaleza es innegable», escribía Miguel Delibes. «El campo, lo rural, está lleno de vicios, pero el campesino no es responsable de ello; en cambio, el vicio urbano es un vicio más consciente; un vicio no fraguado, salvo en ciertos estamentos, por la sordidez y la incultura, sino por el tedio y el refinamiento.»

Soslayando este enjuiciamiento, en sí, ¿no significa la postura del escritor un responsable contacto con lo directo, con lo acuciante? Las declaraciones y las entrevistas, a poco que profundicen en nuestro autor, muestran un talante en el que la trascendencia va en pos de lo cercano y lo inmediato. No puede extrañarnos, pues, que, sin menospreciarlo, Delibes rehúya etiquetas intelectuales.

El campo, tan agudamente rastreado por la pupila de Delibes, está representado en esta corta colección de relatos por El conejo y La perra. Dos tramas en intensidad, más descriptiva y lírica la primera, más seca y dramática la segunda. «El hombre de la cicatriz, con el rostro vuelto a un cielo demasiado luminoso, bebía de la bota. Al concluir se limpió los labios con el envés de la mano, recogió la liebre y la apretó los riñones para que orinase. Dijo a continuación, calmosamente, a conciencia de que

*lastimaba al hombre bajo y mísero: —Yo
iba a lo mío; no vi nada. Yo iba a lo mío.»
Si en* La perra *se incuba la literatura de
Miguel Delibes en la que los espacios abiertos están a punto de convertirse en prota-
gonistas, con las andanzas de Lorenzo, también hay un claro presagio de esos seres
campesinos que con extraordinario cariño
son modelados. Sí, en* La perra *está vivo ya
el Tío Ratero: «Las ratas son mías», expresión lacónica y sombría de esos hombres
reconcentrados que Delibes retrata con media docena de palabras.*

*Otros relatos van a participar del cos-
tumbrismo social. Algunos de ellos pudiera parecer, a primera impresión, ingenuos
y demasiado contrastados. Sin prejuzgar,
ni influir en el lector me atrevería a indicar
que* El sol, *uno de los que parecen más en-
cajados en un simbolismo directo y elemental, es un auténtico aguafuerte social. Por
sobre el argumento, que aporta la origina-
lidad del juego de imágenes y planos resuel-
to con eficacia, el escritor abandona lo que
elementalmente parece una fábula. Pero en
ese trasfondo intuitivo (para juzgar acer-
tadamente a Delibes hay que pensar con-
tinuamente en la mágica atracción que, incluso sobre sus primigenios planteamientos, significa la aportación de imágenes que
confieren un considerable caudal de libérri-
ma voluntad oscurecida en lo subconscien-*

*te) subyacen preocupaciones y vivencias
que palpablemente se ponen de manifiesto.
La fábula, tal como yo entiendo, no radica
en el bronceado de la piel, ni en el temor
que siente la muchacha que barre la carretera, ante los rayos solares. Es mucho más
profunda que todo lo que se nos dice. Y la
intención de Delibes es embarcar al lector
—intuitivamente, si queremos— en una di-
rección de mayor trascendencia.* Ocurre
algo parecido en Navidad sin ambiente, *una
nochebuena de la familia media española,
en la que, ahogando el deseo de evasión de
unos y de otros, flota la sombra de la ausente. Más que el clima, por lo demás logrado,
importa esa trivialidad, ese empobrecimiento cultural que llega del brazo de la sociedad de consumo. En este último relato se
apunta un sentimiento que se ha debatido
a lo largo de esta obra que comentamos, por
parte de algunos críticos. Se trata del concepto de la religiosidad en Delibes.*

*La bendición de la mesa va a motivar
un desasosiego general, que en vano quiere
ser ahogado por las banalidades de la conversación intrascendente. Unas cortas palabras, dichas en un ambiente opresivo, en-
cienden recuerdos y remordimientos. La
habilidad del escritor nos deja en la penumbra del confuso estado de ánimo de los pro-
tagonistas. ¿Pesa en todos la sombra que-
rida, o, acaso, las directas palabras («Se-*

ñor, da pan a los que tienen hambre y hambre a los que tienen pan») han hecho nacer
un clima de desasosiego?

Que en Delibes late todo un mundo de
sensaciones religiosas parece innegable.
Que el escritor huya del complejo mundo
de ideas del pensador que escribe novelas
con una específica misión católica también
es cierto. Los personajes de Delibes a veces,
como ocurre en este relato, se enfrentan
con la idea de Dios, directamente. El novelista los instala en la inseguridad. Frente
a unas vidas que hacen de la religión, quizá,
una rutina llega un soplo desconcertante.
Ello es frecuente en otros trabajos de Delibes. El apego que siente hacia los medios
rurales le ha hecho pintar sacerdotes con
las virtudes y defectos de los campesinos,
principalmente en los primeros libros. Posteriormente podemos observar una sensi-
ble evolución formal. La crisis religiosa que
nos ha tocado vivir está plasmada en obras
como Cinco horas con Mario, en donde sobrenadan los esenciales aspectos de ruptu-
ra con una tradición anquilosada. Volvemos
a insistir, tal vez machaconamente, en que
Delibes no es escritor de ideas, en el sentido lato del término. He aquí, pues, que la
religiosidad de sus argumentos se despren-
de de la emanación de la vida misma. Sus
curas participan en lo terreno de un an-
helo de perfección, común a todos los ciu-

dadanos de su censo, con sus debilidades
y sus ternuras, sus prejuicios y sus egoís-
mos, todo ello en paridad de condiciones
con el resto de la galería de seres que pone
en movimiento. Lo que no impide que la
preocupación católica del escritor se rebele
contra la hipocresía, el adocenamiento, la
falta de testimonio y la rutina que van contra el perfeccionamiento de la vida espiri-
tual y que resuelve Delibes cargando las
tintas y mostrando, desde ese catálogo de
inoperancias religiosas, lo que entiende por
auténtico y verdadero. Todo ello de rechazo. El margen que concede limpiamente el
novelista al sentimiento sobrenatural queda reflejado en ese pequeño enjambre de
sensaciones dolorosas que nos narra en La
fe. Un hospital en un día de Semana Santa,
con su cortejo de sufrimientos y una cierta
expectación ante el desfile procesional.
¿Surge auténticamente el milagro? O, ¿es
la fe lo que produce el alivio, circunstan-
cial o total, de la enfermedad? El escritor
no toma partido, si bien no es difícil ave-
riguar su íntimo pensamiento. Ha mezcla-
do con sabiduría escepticismo y comprensión ante el misterio, como si dejara a la
interpretación de quien lea la resolución
del enigma.

El cuento con que se cierra este libro es
un meritorio ejercicio estilístico, que va a
repetirse en posteriores obras. Las visiones,

en el límite de la piedad, alegato contra el abandono de los pueblos y el divorcio entre la lógica campesina y el concepto de autoridad, nos revela el magistral dominio del lenguaje popular de Delibes. Se ha dicho, a mi entender erróneamente, que la facilidad de este escritor en el diálogo y su preocupación por plasmar en sus creaciones un lenguaje popular oscurece sus tesis. En Miguel Delibes existe un vivo compromiso con el mundo en que vive. Entiende, con la idea de Unamuno, que la universalidad es el producto de un ahondamiento en lo local. Sobran ejemplos desde el Quijote hasta Las uvas de la ira *de Steinbeck, para mostrar que desde cualquier ámbito puede irradiarse un plural semillero de sensaciones, de vivencias, de anhelos comunes válidos para todas las latitudes. La universalidad de Balzac o Galdós, escritores circunscritos a una época y a un condicionamiento social, no queda empequeñecida sino agrandada por ese profundizar en la problemática de la pequeña burguesía o en las clases medias y populares del Madrid finisecular. La fidelidad de Miguel Delibes a un léxico castellano, concretamente el de la meseta del norte de Castilla y muy ceñido al de su Valladolid natal, no es el único de sus méritos, aunque sí uno de sus más loables recursos. Se decía de don Carlos Arniches, no sé hasta qué punto con justi-*

cia, que inventaba el lenguaje de los personajes de sus comedias, deformando el
casticismo de los habitantes del Madrid hu-
milde y, después, desde los escenarios volvía al pueblo ya elaborado artísticamente
el tropel de las nuevas locuciones, que se
encarnarían en su entraña y en el mundo
del parloteo de las clases tenidas como
bajas.

La importancia de Delibes, en una época
signada por la economía de vocablos, por
la «estandardización» de la cultura y por el
empobrecimiento de nuestra lengua, llevan-
do a sus libros lo más espontáneo, directo
y sonoro del idioma, rescatando giros, mo-
dismos, frases hechas e incluso vocablos
tenidos en cuarentena por los puristas aca-
demizantes, aún no ha sido valorada como
se merece. Lo más destacable del empeño
lingüístico que tratamos es que el autor,
afortunadamente sin pretensiones eruditas
extemporáneas, acierta con la particular
sintaxis de cada estamento. En «Diario de
un cazador» y «Diario de un emigrante» se
trataba de conseguir la síntesis del lenguaje que podía corresponder a un bedel de un
centro académico y a un hombre que salía
semanalmente a cazar. En las novelas rurales está ese especial clima de los pueblos
de Castilla, esa sobriedad de palabras, ese
regusto por lo arcaizante que todavía dis-
tingue a muchos de nuestros campesinos y

que, desgraciadamente, está aniquilando la facilidad de los medios de comunicación, la propia extinción de los pueblos y la irrupción masiva de la televisión. No es unidimensional esta labor de rescate que realiza Delibes. Ahí tenemos el espejo de la mesocracia provinciana y española, que es Cinco horas con Mario, *admirablemente reflejada. Creo que, para bien o para mal, o para las dos cosas de consuno, estamos ingresando en una era en que la uniformidad se va a imponer avasalladoramente sobre los individuos y las colectividades. La riqueza del lenguaje va a verse sustituida por un puñado de limitados vocablos, por un funcionalismo, todo lo eficaz que queramos, aniquilador del atractivo barroquismo de la magia de las palabras. En este sentido, la tarea de Delibes es de rescate, ya en el umbral de lo tecnológico. Sus libros quedarán, aparte de sus posibles valores intrínsecos, como documentos de positivo valor y serán consultados —de hecho así viene ya ocurriendo— como testimonio de una cultura ya en trance de desintegración. Y al escribir cultura quiero entender experiencia. En* Las visiones *Delibes acierta, en un monólogo pueblerino, con ese entrañable mundo de las ideas y de las palabras de las gentes del campo, una vez más.*

*Hemos intentado, con estas notas atro-
pelladas, más que observar el valor esencial
de estos cuentos, señalar la concatenación
de los mismos dentro de la obra plural de
Miguel Delibes. Algunos de los relatos pertenecen a la primera época de su carrera
de novelista. Otros, posteriores, darán origen a libros ya fundamentales. Todos, sin
excepción enlazan con esa cuádruple huma-
nística del escritor: muerte, infancia, prójimo y naturaleza. ¿Existe alguna relación
en todos estos enunciados? Uno se atrevería a apuntar que, sobre el hombre, el paisaje y la pasión, que motivaron parte de su
obra, va afilándose un sentido de rotunda
denuncia. El prójimo, en el más genuino
significado evangélico, ha significado en Delibes una meta. Exactamente no se trata de
que haya desnudado a sus libros de las ca-
racterísticas que le son familiares. Ya en la
madurez, Miguel Delibes va acercándose con
humano temblor al hombre, no ente indivi-
dual sometido al vaivén de las pasiones,
sino inserto en un contexto comunitario.*
La primavera de Praga, USA y yo y Euro-
pa, parada y fonda, *algunos de los libros
de viajes que lleva escritos, son hitos en
esta marcha. El viajero, que en principio
se sentía atraído por el contraste, más periodista que hombre preocupado por las
señales del tiempo, se asoma al paisaje
europeo y americano con una pupila escru-*

*tadora. Busca indagar en derredor a las
fórmulas de convivencia, la política y la
pluralidad de pareceres dentro de unos mó-
dulos de libertad. En* La primavera de Praga, *al desgaire y sin darlo mayor importancia, hallamos su pensamiento, casi todo un
programa. «Todas las revoluciones que en
la Historia han sido han pasado por su período de violencia y por su período de digestión. Las revoluciones desde el origen
del hombre han pretendido un fin muy humano: hacer más vividero este mundo para
un mayor número de personas cada vez.»
Y se añade: «Hay que confiar en que el
terror, la tortura y el dogmatismo hayan
sido ya digeridos. Y si es así nos encontraremos con un socialismo que añade a las
paulatinas conquistas del hombre, hallazgos tan fundamentales para la dignidad humana como la educación igual para todos,
la reforma agraria, la eliminación de los
grupos de presión, las desigualdades mons-
truosas en lo económico, la seguridad, etcétera, etcétera. Un socialismo en libertad
que es una forma de convivencia que ya
Cristo nos enseñó hace dos mil años...»
El compromiso de Miguel Delibes se plan-
tea desde unos vértices básicos: necesidad
imprescindible del respeto a la libertad de
los hombres, desaparición de los mitos his-
tóricos y nacionalistas y pronta incorpora-
ción de los hallazgos más valiosos de una*

socialización, inteligentemente meditada, que acabe con la explotación del hombre por el hombre.

Otros rasgos de Miguel Delibes, en esta radiografía elemental, intentaríamos poner de manifiesto. Pero temo herir su pudor personal. Dejémoslo, pues, por ahora. Lo que sí nos atrevemos a decir, pese a todo, es que en la novelística española difícilmente encontraremos una personalidad tan atrayente como la de este escritor. El oficio de escribir y los gajes de popularidad y renombre que lleva aparejados no quebrantan su proverbial sencillez. Enemigo declarado de ese capillismo que divide en reinos de taifas la república de nuestras letras, cordial y ausente de esa «pose», desgraciadamente tan propia de la profesión, bien podemos destacar que en Delibes la trayectoria del novelista, escritor, periodista y profesor se corresponde con su talante, con esa humana necesidad de diálogo que a diario nos brinda a todos.

Miguel Angel Pastor

El valle, en rigor, no era tal valle, sino una polvorienta cuenca delimitada por unos tesos blancos e inhóspitos. El valle, en rigor, no daba sino dos estaciones: invierno y verano y ambas eran extremosas, agrias, casi despiadadas. Al finalizar mayo comenzaba a descender de los cerros de greda un calor denso y enervante, como una lenta invasión de lava, que en pocas semanas absorbía las últimas humedades del invierno. El lecho de la cuenca, entonces, empezaba a cuartearse por falta de agua y el río se encogía sobre sí mismo y su caudal pasaba en pocos días de una opacidad lora y espesa a una verdosidad de botella casi transparente. El trigo, fustigado por el sol, espi-

gaba y maduraba apenas granado y a primeros de junio la cuenca únicamente conservaba dos notas verdes: la enmarañada
fronda de las riberas del río y el emparrado
que sombreaba la mayor de las tres edificaciones que se levantaban próximas a la
corriente. El resto de la cuenca asumía una
agónica amarillez de desierto. Era el calor
y bajo él se hacía la siembra de los melo-
nares, se segaba el trigo, y la codorniz,
que había llegado con los últimos fríos de
la Baja Extremadura, abandonaba los nidos
y buscaba el frescor en las altas pajas de
los ribazos. La cuenca parecía emanar un
aliento fumoso, hecho de insignificantes
partículas de greda y de polvillo de trigo.
Y en invierno y verano, la casa grande,
flanqueada por el emparrado, emitía un
«bom-bom» acompasado, casi siniestro, que
era como el latido de un enorme corazón.

El niño jugaba en el camino, junto a la
casa blanca, bajo el sol, y sobre los trigales,
a su derecha, el cernícalo aleteaba sin avan-
zar, como si flotase en el aire, cazando
insectos. La tarde cubría la cuenca compa-
sivamente y el hombre que venía de la fal-
da de los cerros, con la vieja chaqueta des-
mayada sobre los hombros, pasó por su
lado, sin mirarle, empujó con el pie la puerta de la casa y casi a ciegas se desnudó y
se desplomó en el lecho sin abrirlo. Al mo-

mento, casi sin transición, empezó a ron-
car arrítmicamente.

El Senderines, el niño, le siguió con los
ojos hasta perderle en el oscuro agujero
de la puerta; al cabo reanudó sus juegos.

Hubo un tiempo en que al niño le desco-
razonaba que sus amigos dijeran de su
padre que tenía nombre de mujer; le humi-
llaba que dijeran eso de su padre, tan for-
nido y poderoso. Años antes, cuando sus
relaciones no se habían enfriado del todo,
el Senderines le preguntó si Trinidad era,
en efecto, nombre de mujer. Su padre había respondido:

—Las cosas son según las tomes. Trinidad son tres dioses y no tres diosas, ¿comprendes? De todos modos mis amigos me
llaman Trino para evitar confusiones.

El Senderines, el niño, se lo dijo así a
Canor. Andaban entonces reparando la carretera y solían sentarse al caer la tarde
sobre los bidones de alquitrán amontona-
dos en las cunetas. Más tarde, Canor aban-
donó la Central y se marchó a vivir al pueblo a casa de unos parientes. Sólo venía por
la Central durante las Navidades.

Canor, en aquella ocasión, se las mantuvo tiesas e insistió que Trinidad era nombre de mujer como todos los nombres que
terminaban en «dad» y que no conocía un
solo nombre que terminara en «dad» y fue-

ra nombre de hombre. No transigió, sin embargo:

—Bueno —dijo, apurando sus razones—. No hay mujer que pese más de cien kilos, me parece a mí. Mi padre pesa más de cien kilos.

Todavía no se bañaban las tardes de verano en la gran balsa que formaba el río, junto a la Central, porque ni uno ni otro sabían sostenerse sobre el agua. Ni osaban pasar sobre el muro de cemento al otro lado del río porque una vez que el Senderines lo intentó sus pies resbalaron en el verdín y sufrió una descalabradura. Tampoco el río encerraba por aquel tiempo alevines de carpa ni lucios porque aún no los habían traído de Aranjuez. El río sólo daba por entonces barbos espinosos y alguna tenca, y Ovi, la mujer de Goyo, aseguraba que tenían un asqueroso gusto a cieno. A pesar de ello, Goyo dejaba pasar las horas sentado sobre la presa, con la caña muerta en los dedos, o buscando pacientemente ovas o gusanos para encarnar el anzuelo. Canor y el Senderines solían sentarse a su lado y le observaban en silencio. A veces el hilo se tensaba, la punta de la caña descendía hacia el río y entonces Goyo perdía el color e iniciaba una serie de movimientos precipitados y torpes. El barbo luchaba por su libertad pero Goyo tenía previstas alevosamente cada una de sus reacciones. Al fin, el pez

terminaba por reposar su fatiga sobre el
muro y Canor y el Senderines le hurgaban
cruelmente en los ojos y la boca con unos
juncos hasta que le veían morir.

Más tarde los prohombres de la repro-
ducción piscícola, aportaron al río alevines
de carpa y pequeños lucios. Llegaron tres
camiones de Aranjuez cargados de perolas
con la recría, y allí la arrojaron a la corriente para que se multiplicasen. Ahora Goyo
decía que los lucios eran voraces como ti-
burones y que a una lavandera de su pueblo uno de ellos le arrancó un brazo hasta
el codo de una sola dentellada. El Senderines le había oído contar varias veces la
misma historia y mentalmente decidió no
volver a bañarse sobre la quieta balsa de
la represa. Mas una tarde pensó que los camiones de Aranjuez volcaron su carga sobre
la parte baja de la represa y bañándose en
la balsa no había por qué temer. Se lo dijo
así a Goyo y Goyo abrió mucho los ojos y
la boca, como los peces en la agonía, para
explicarle que los lucios, durante la noche,
daban brincos como títeres y podían salvar
alturas de hasta más de siete metros. Dijo
también que algunos de los lucios de Aranjuez estarían ya a más de veinte kilómetros
río arriba porque eran peces muy viajeros.
El Senderines pensó, entonces, que la situación era grave. Esa noche soñó que se despertaba y al asomarse a la ventana sobre el

río, divisó un ejército de lucios que salta-
ban la presa contra corriente; sus cuerpos
fosforescían con un lúgubre tono cárdeno,
como de fuego fatuo, a la luz de la luna.
Le dominó un oscuro temor. No le dijo nada
a su padre, sin embargo. A Trinidad le irritaba que mostrase miedo hacia ninguna
cosa.

Cuando muy chico solía decirle:

—No vayas a ser como tu madre que tenía miedo de los truenos y las abejas. Los
hombres no sienten miedo de nada.

Su madre acababa de morir entonces. El
Senderines tenía una idea confusa de este
accidente. Mentalmente le relacionaba con
el piar frenético de los gorriones nuevos y
el zumbido incesante de los tábanos en la
tarde. Aún recordaba que el doctor le había dicho:

—Tienes que comer, muchacho. A los niños flacos les ocurre lo que a tu madre.

El Senderines era flaco. Desde aquel día
le poseyó la convicción de que estaba des-
tinado a morir joven; le sucedería lo mismo que a su madre. En ocasiones, Trinidad
le remangaba pacientemente las mangas de
la blusita y le tanteaba el brazo, por abajo
y por arriba:

—¡Bah! ¡Bah! —decía, decepcionado.

Los bracitos del Senderines eran ente-
cos y pálidos. Trino buscaba en ellos, en
vano, el nacimiento de la fuerza. Desde en-

tonces su padre empezó a despreciarle. Perdió por él la ardorosa debilidad de los primeros años. Regresaba de la Central malhumorado y apenas si le dirigía la palabra. Al comenzar el verano le dijo:

—¿Es que no piensas bañarte más en la balsa, tú?

El Senderines frunció el ceño; se azoró:

—Baja mucha porquería de la fábrica, padre —dijo.

Trino sonrió; antes que sonrisa era la suya una mueca displicente:

—Los lucios se comen a los niños crudos ¿no es eso?

El Senderines humilló los ojos. Cada vez que su padre se dirigía a él y le miraba de frente le agarraba la sensación de que estaba descubriendo hasta sus pensamientos más recónditos.

La C.E.S.A. montó una fábrica río arriba años atrás. El Senderines sólo había ido allá una vez, la última primavera, y cuando observó cómo la máquina aquélla trituraba entre sus feroces mandíbulas troncos de hasta un metro de diámetro con la misma facilidad que si fuesen barquillos, pensó en los lucios y empezó a temblar. Luego, la C.E.S.A. soltaba los residuos de su digestión en la corriente y se formaban en la superficie unos montoncitos de espuma blanquiazul semejantes a icebergs. A el Senderines no le repugnaban las espumas

pero le recordaban la proximidad de los
lucios y temía al río. Frecuentemente, el
Senderines, atrapaba alguno de aquellos
icebergs y hundía en ellos sus bracitos desnudos, desde la orilla. La espuma le producía cosquillas en las caras posteriores de
los antebrazos y ello le hacía reír. La última Navidad, Canor y él orinaron sobre
una de aquellas pellas y se deshizo como si
fuese de nieve.

Pero su padre seguía conminándole con
los ojos. A veces el Senderines pensaba que
la mirada y la corpulencia de Dios serían
semejantes a las de su padre.

—La balsa está muy sucia, padre —repitió sin la menor intención de persuadir
a Trinidad, sino para que cesase de mirarle.

—Ya. Los lucios andan por debajo esperando atrapar la tierna piernecita de un
niño. ¿A que es eso?

Ahora Trinidad acababa de llegar bo-
rracho como la mayor parte de los sábados
y roncaba desnudo sobre las mantas. Hacía
calor y las moscas se posaban sobre sus
brazos, sobre su rostro, sobre su pecho re-
luciente de sudor, mas él no se inmutaba.
En el camino, a pocos pasos de la casa, el
Senderines manipulaba la arcilla e imprimía al barro las formas más diversas. Le
atraía la plasticidad del barro. A el Senderines le atraía todo aquello cuya forma

cambiase al menor accidente. La monoto-
nía, la rigidez de las cosas le abrumaba. Le
placían las nubes, la maleable ductilidad
de la arcilla húmeda, los desperdicios blancos de la C.E.S.A., el trigo molido entre los
dientes. Años atrás, llegaron los Reyes Ma-
gos desde el pueblo más próximo, montados
en borricos, y le dejaron, por una vez, un
juguete en la ventana. El Senderines lo
destrozó en cuanto lo tuvo entre las manos; él hubiera deseado cambiarlo. Por eso
le placía moldear el barro a su capricho,
darle una forma e, inmediatamente, des-
truirla.

Cuando descubrió el yacimiento junto al
chorro del abrevadero, Conrado regresaba
al pueblo después de su servicio en la Central:

— A tu padre no va a gustarle ese juego,
¿verdad que no? —dijo.

— No lo sé —dijo el niño cándidamente.

— Los rapaces siempre andáis inventan-
do diabluras. Cualquier cosa antes que cum-
plir vuestra obligación.

Y se fue, empujando la bicicleta del si-
llín, camino arriba. Nunca la montaba hasta llegar a la carretera. El Senderines no
le hizo caso. Conrado alimentaba unas ideas
demasiado estrechas sobre los deberes de
cada uno. A su padre le daba de lado que
él se distrajese de esta o de otra manera.
A Trino lo único que le irritaba era que él

fuese débil y que sintiese miedo de lo oscuro, de los lucios y de la Central. Pero el Senderines no podía remediarlo.

Cinco años antes su padre le llevó con él para que viera por dentro la fábrica de luz. Hasta entonces él no había reparado en la mágica transformación. Consideraba la Central, con su fachada ceñida por la vieja parra, como un elemento imprescindible de su vida. Tan sólo sabía de ella lo que Conrado le dijo en una ocasión:

—El agua entra por esta reja y dentro la hacemos luz; es muy sencillo.

El pensaba que dentro existirían unas enormes tinas y que Conrado, Goyo y su padre apalearían el agua incansablemente hasta que de ella no quedase más que el brillo. Luego se dedicarían a llenar bombillas con aquel brillo para que, llegada la noche, los hombres tuvieran luz. Por entonces el «bom-bom» de la Central le fascinaba. El creía que aquel fragor sostenido lo producía su padre y sus compañeros al romper el agua para extraerle sus cristalinos brillantes. Pero no era así. Ni su padre, ni Conrado, ni Goyo, amasaban nada dentro de la fábrica. En puridad, ni su padre, ni Goyo, ni Conrado «trabajaban» allí; se limitaban a observar unas agujas, a oprimir unos botones, a mover unas palancas. El «bom-bom» que acompañaba su vida no lo producía, pues, su padre al des-

entrañar el agua, ni al sacarla lustre; el
agua entraba y luego salía tan sucia como
entrara. Nadie la tocaba. En lugar de unas
tinas rutilantes, el Senderines se encontró
con unos torvos cilindros negros adorna-
dos de calaveras por todas partes y experimentó un imponente pavor y rompió a
llorar. Posteriormente, Conrado le explicó
que del agua sólo se aprovechaba la fuerza; que bastaba la fuerza del agua para
fabricar la luz. El Senderines no lo comprendía; a él no le parecía que el agua tuviera ninguna fuerza. Si es caso aprovecha-
ría la fuerza de los barbos y de las tencas
y de las carpas, que eran los únicos que
luchaban desesperadamente cuando Goyo
pretendía atraparlos desde la presa. Más
adelante, pensó que el negocio de su padre
no era un mal negocio porque don Rafael
tenía que comprar el trigo para molerlo en
su fábrica y el agua del río, en cambio, no
costaba dinero. Más adelante aún, se enteró
de que el negocio no era de su padre, sino
que su padre se limitaba a aprovechar la
fuerza del río, mientras el dueño del negocio se limitaba a aprovechar la fuerza de su
padre. La organización del mundo se modi-
ficaba a los ojos de el Senderines; se le ofre-
cía como una confusa maraña.

A partir de su visita, el «bom-bom» de
la Central cesó de agradarle. Durante la
noche pensaba que eran las calaveras gra-

badas sobre los grandes cilindros negros,
las que aullaban. Conrado le había dicho
que los cilindros soltaban rayos como las
nubes de verano y que las calaveras querían decir que quien tocase allí se moriría
en un instante y su cuerpo se volvería negro comc el carbón. A el Senderines, la
vecindad de la Central comenzó a obsesio-
narle. Una tarde, el verano anterior, la
fábrica se detuvo de pronto y entonces se
dio cuenta el niño de que el silencio tenía
voz, una voz opaca y misteriosa que no podía resistirla. Corrió junto a su padre y
entonces advirtió que los hombres de la
Central se habían habituado a hablar a gri-
tos para entenderse; que Conrado, la Ovi,
y su padre, y Goyo, voceaban ya aunque en
torno se alzara el silencio y se sintiese incluso el murmullo del agua en los sauces
de la ribera.

El sol rozó la línea del horizonte y el Senderines dejo el barro, se puso en pie, y se
sacudió formalmente las posaderas. En la
base del cerro que hendía al sol se alzaban
las blancas casitas de los obreros de la
C.E.S.A. y en torno a ellas se elevaba como
una niebla de polvillo blanquecino. El niño
contempló un instante el agua de la balsa,
repentinamente oscurecida en contraste con
los tesos de greda, aún deslumbrantes, en
la ribera opuesta. Sobre la superficie del
río flotaban los residuos de la fábrica como

espumas de jabón, y los cínifes empezaban
a desperezarse entre las frondas de la orilla. El Senderines permaneció unos segundos inmóvil al sentir el zumbido de uno de
ellos junto a sí. De pronto se disparó una
palmada en la mejilla y al notar bajo la
mano el minúsculo accidente comprendió
que había hecho blanco y sonrió. Con los
dedos índice y pulgar recogió los restos del
insecto y los examinó cumplidamente; no
había picado aún; no tenía sangre. La cabecera de la cama del niño constituía un
muestrario de minúsculas manchas rojas.
Durante el verano su primera manifestación
de vida, cada mañana, consistía en ejecutar
a los mosquitos que le habían atacado durante el sueño. Los despachurraba uno a
uno, de un seco palmetazo y luego se recreaba contemplando la forma y la extensión de
la mancha en la pared y su imaginación
recreaba figuras de animales. Jamás le trai-
cionó su fantasía. Del palmetazo siempre
salía algo y era aquella para él la más fasci-
nante colección. Las noches húmedas sufría
un desencanto. Los mosquitos no abandonaban la fronda del río y en consecuen-
cia, el niño, al despertar paseaba su redon-
da mirada ávida, inútilmente, por los cuatro lienzos de pared mal encalada.

Se limpió los dedos al pantalón y entró
en la casa. Sin una causa aparente, experimentó, de súbito, la misma impresión que

el día que los cilindros de la fábrica dejaron repentinamente de funcionar. Presintió que algo fallaba en la penumbra aunque, de momento no acertara a precisar
qué. Hizo un esfuerzo para constatar que
la Central seguía en marcha y acto seguido
se preguntó qué echaba de menos dentro
del habitual orden de su mundo. Trinidad
dormía sobre el lecho y a la declinante luz
del crepúsculo el niño descubrió, una a una,
las cosas y las sombras que le eran familiares. Sin embargo, en la estancia aleteaba
una fugitiva sombra nueva que el niño no
acertaba a identificar. Le pareció que Trinidad estaba despierto, dada su inmovilidad excesiva, y pensó que aguardaba a reconvenirle por algo y el niño, agobiado por
la tensión, decidió afrontar directamente su
mirada:

—Buenas tardes, padre —dijo, aproximándose a la cabecera del lecho.

Permaneció clavado allí, inmóvil, esperando. Mas Trino no se enteró y el niño parpadeaba titubeante, poseído de una sumisa
confusión. Apenas divisaba a su padre, de
espaldas a la ventana; su rostro era un indescifrable juego de sombras. Precisaba,
no obstante, su gran masa afirmando el
peso sobre el jergón. Su desnudez no le
turbaba. Trino le dijo dos veranos antes:
«Todos los hombres somos iguales.» Y, por
vez primera, se tumbó desnudo sobre el le-

cho y al Senderines no le deslumbró sino
el oscuro misterio del vello. No dijo nada
ni preguntó nada porque intuía que todo
aquello, como la misma necesidad de trabajar, era una primaria cuestión de tiempo.
Ahora esperaba, como entonces, y aun de-
moró unos instantes el dar la luz; y lo hizo
cuando estuvo persuadido de que su padre
no tenía nada que decirle. Pulsó el conmu-
tador y al hacerse la claridad en la estancia
bajó la noche a la ventana. Entonces se
volvió y distinguió la mirada queda y me-
cánica del padre; sus ojos desorbitados y
vidriosos. Estaba inmóvil como una foto-
grafía. De la boca, crispada patéticamente,
escurría un hilillo de baba, junto al que
reposaban dos moscas. Otra inspeccionaba
confiadamente los orificios de su nariz. El
Senderines supo que su padre estaba muerto, porque no había estornudado. Torpe,
mecánicamente fue reculando hasta sentir
en el trasero el golpe de la puerta. Entonces volvió a la realidad. Permaneció inmóvil, indeciso, mirando sin pestañear el cadáver desnudo. A poco retornó lentamente
sobre sus pasos, levantó la mano y espantó
las moscas, poniendo cuidado en no tocar
a su padre. Una de las moscas tornó sobre
el cadáver y el niño la volvió a espantar.
Percibía con agobiadora insistencia el latido de la Central y era como una paradoja
aquel latido sobre un cuerpo muerto. Al

Senderines le suponía un notable esfuerzo
pensar; prácticamente se agotaba pensando en la perentoria necesidad de pensar. No
quería sentir miedo, ni sorpresa. Permaneció unos minutos agarrado a los pies de
hierro de la cama, escuchando su propia
respiración. Trino siempre aborreció que
él tuviese miedo y aun cuando en la vida
jamás se esforzó el Senderines en compla-
cerle, ahora lo deseaba porque era lo último que podía darle. Por primera vez en la
vida, el niño se sentía ante una responsabilidad y se esforzaba en ver en aquellos ojos
enloquecidos, en la boca pavorosamente inmóvil, los rasgos familiares. De súbito,
entre las pajas del borde del camino empezó a cantar un grillo cebollero y el niño
se sobresaltó, aunque el canto de los ce-
bolleros de ordinario le agradaba. Descubrió al pie del lecho las ropas del padre y
con la visión le asaltó el deseo apremiante
de vestirle. Le avergonzaba que la gente del
pueblo pudiera descubrirle así a la mañana
siguiente. Se agachó junto a la ropa y su
calor le estremeció. Los calcetines estaban
húmedos y agujereados, conservaban aún
la huella de un pie vivo, pero el niño se
aproximó al cadáver, con los ojos levemente espantados, y desmanotadamente se los
puso. Ahora sentía en el pecho los duros
golpes del corazón, lo mismo que cuando
tenía calentura. El Senderines evitaba pa-

sar la mirada por el cuerpo desnudo. Acababa de descubrir que metiéndose de un golpe
en el miedo, cerrando los ojos y apretando
la boca, el miedo huía como un perro aco-
bardado.

Vaciló entre ponerle o no los calzoncillos,
cuya finalidad le parecía inútil, y al fin se
decidió por prescindir de ellos porque nadie iba a advertirlo. Tomó los viejos y parcheados pantalones de dril e intentó levantar la pierna derecha de Trinidad, sin conseguirlo. Depositó, entonces, los pantalones
al borde de la cama y tiró de la pierna
muerta hacia arriba con las dos manos,
mas cuando soltó una de ellas para apro-
ximar aquéllos, el peso le venció y la pierna
se desplomó sobre el lecho, pesadamente.
A la puerta de la casa, dominando el sordo
bramido de la Central, cantaba enojosa-
mente el grillo. De los trigales llegaba amortiguado el golpeteo casi mecánico de una
codorniz. Eran los ruidos de cada noche y
el Senderines, a pesar de su circunstancia,
no podía darles una interpretación distinta.
El niño empezó a sudar. Había olvidado el
significado de sus movimientos y sólo repa-
raba en la resistencia física que se oponía
a su quehacer. Se volvió de espaldas al cadáver, con la pierna del padre prendida por
el tobillo y de un solo esfuerzo consiguió
montarla sobre su hombro derecho. Entonces, cómodamente, introdujo el pie por la

pernera y repitió la operación con la otra pierna. El Senderines sonreía ahora, a pesar de que el sudor empapaba su blusa y los rufos cabellos se le adherían obstinadamente a la frente. Ya no experimentaba temor alguno, si es caso el temor de tropezar con un obstáculo irreductible. Recordó súbitamente, cómo, de muy niño, apremiaba a su padre para que le explicase la razón de llamarle Senderines. Trino aún no había perdido su confianza en él. Le decía:

—Siempre vas buscando las veredas como los conejos; eres lo mismo que un conejo.

Ahora que el Senderines intuía su abandono lamentó no haberle preguntado cuando aún era tiempo su verdadero nombre. El no podría marchar por el mundo sin un nombre cristiano, aunque en realidad ignorase qué clase de mundo se abría tras el teso pelado que albergaba a los obreros de la C.E.S.A. La carretera se perdía allí y él había oído decir que la carretera conducía a la ciudad. Una vez le preguntó a Conrado qué había detrás del teso y Conrado dijo:

—Mejor es que no lo sepas nunca. Detrás está el pecado.

El Senderines acudió a Canor durante las Navidades. Canor le dijo abriendo desmesuradamente los ojos:

—Están las luces y los automóviles y más hombres que cañas en ese rastrojo.

Senderines no se dio por satisfecho:

—¿Y qué es el pecado? —demandó con impaciencia.

Canor se santiguó. Agregó confidencialmente:

—El maestro dice que el pecado son las mujeres.

El Senderines se imaginó a las mujeres de la ciudad vestidas de luto y con una calavera amarilla prendida sobre cada pecho. A partir de entonces, la proximidad de la Ovi, con sus brazos deformes y sus párpados rojos, le sobrecogía.

Había conseguido levantar los pantalones hasta los muslos velludos de Trino y ahí se detuvo. Jadeaba. Tenía los deditos horizontalmente cruzados de líneas rojas, como los muslos cuando se sentaba demasiado tiempo sobre las costuras del pantalón. Su padre le parecía de pronto un extraño. Su padre se murió el día que le mostró la fábrica y él rompió a llorar al ver las turbinas negras y las calaveras. Pero esto era lo que quedaba de él y había que cubrirlo. El debía a su padre la libertad, ya que todos los padres que él conocía habían truncado la libertad de sus hijos enviándolos al taller o a la escuela. El suyo no le privó de su libertad y el Senderines no indagaba los motivos; agradecía a su padre el hecho en sí.

Intentó levantar el cadáver por la cintu-

ra, en vano. La codorniz cantaba ahora más
cerca. El Senderines se limpió el sudor de
la frente con la bocamanga. Hizo otro intento. «Cagüen» —murmuró—. De súbito
se sentía impotente; presentía que había
alcanzado el tope de sus posibilidades. Jamás lograría colocar los pantalones en su
sitio. Instintivamente posó la mirada en el
rostro del padre y vio en sus ojos todo el
espanto de la muerte. El niño, por primera
vez en la noche, experimentó unos atro-
pellados deseos de llorar. «Algo le hace
daño en alguna parte», pensó. Pero no lloró
por no aumentar su daño, aunque le empu-
jaba a hacerlo la conciencia de que no podía
aliviarlo. Levantó la cabeza y volvió los
ojos atemorizados por la pieza. El Senderines reparó en la noche y en su soledad.
Del cauce ascendía el rumor fragoroso de
la Central acentuando el silencio y el niño
se sintió desconcertado. Instintivamente se
separó unos metros de la cama; durante
largo rato permaneció en pie, impasible,
con los escuálidos bracitos desmayados a
lo largo del cuerpo. Necesitaba una voz y
sin pensarlo más se acercó a la radio y la
conectó. Cuando nació en la estancia y se
fue agrandando una voz nasal ininteligible,
el Senderines clavó sus ojos en los del
muerto y todo su cuerpecillo se tensó. Apagó el receptor porque se le hacía que era
su padre quien hablaba de esa extraña ma-

nera. Intuyó que iba a gritar y paso a paso
fue reculando sin cesar de observar el cadáver. Cuando notó en la espalda el contacto de la puerta suspiró y sin volverse buscó
a tientas el pomo y abrió aquélla de par
en par.

Salió corriendo a la noche. El cebollero
dejó de cantar al sentir sus pisadas en el
sendero. Del río ascendía una brisa tibia
que enfriaba sus ropas húmedas. Al alcan-
zar el almorrón el niño se detuvo. Del otro
lado del campo de trigo veía brillar la luz
de la casa de Goyo. Respiró profundamen-
te. El le ayudaría y jamás descubriría a nadie que vio desnudo el cuerpo de Trino.
El grillo reanudó tímidamente el cri-cri a
sus espaldas. Según caminaba, el Senderines descubrió una lucecita entre los yer-
bajos de la vereda. Se detuvo, se arrodilló
en el suelo y apartó las pajas. «Oh, una luciérnaga» —se dijo, con una alegría des-
proporcionada. La tomó delicadamente entre sus dedos y con la otra mano extrajo
trabajosamente del bolsillo del pantalón
una cajita de betún con la cubierta horada-
da. Levantó la cubierta con cuidado y la
encerró allí. En la linde del trigal tropezó
con un montón de piedras. Algunas, las más
blancas, casi fosforescían en las tinieblas.
Tomó dos y las hizo chocar con fuerza. Las
chispas se desprendían con un gozoso y efí-
mero resplandor. La llamada insolente de

la codorniz, a sus pies, le sobresaltó. El
Senderines continuó durante un rato fro-
tando las piedras hasta que le dolieron los
brazos de hacerlo; sólo entonces se llegó
a la casa de Goyo y llamó con el pie.

La Ovi se sorprendió de verle.

—¿Qué pintas tú aquí a estas horas?
—dijo—. Me has asustado.

El Senderines, en el umbral, con una piedra en cada mano, no sabía qué responder.
Vio desplazarse a Goyo al fondo de la habitación, desenmarañando un sedal:

—¿Ocurre algo? —voceó desde dentro.

A el Senderines le volvió inmediatamente
la lucidez. Dijo:

—¿Es que vas a pescar lucios mañana?

—Bueno —gruñó Goyo aproximándo-
se—. No te habrá mandado tu padre a estas
horas a preguntar si voy a pescar mañana
o no, ¿verdad?

A el Senderines se le quebró la sonrisa
en los labios. Denegó con la cabeza, obstinadamente. Balbució al fin:

—Mi padre ha muerto.

La Ovi, que sujetaba la puerta, se llevó
ambas manos a los labios:

—¡Ave María! ¿Qué dices? —dijo. Había palidecido.

Dijo Goyo:

—Anda, pasa y no digas disparates. ¿Qué
esperas ahí a la puerta con una piedra en

cada mano? ¿Dónde llevas esas piedras?
¿Estás tonto?

El Senderines se volvió y arrojó los guijarros a lo oscuro, hacia la linde del trigal,
donde la codorniz cantaba. Luego franqueó
la puerta y contó lo que había pasado. Goyo
estalló; hablaba a voces con su mujer, con
la misma tranquilidad que si el Senderines
no existiese:

—Ha reventado, eso. ¿Para qué crees que
tenemos la cabeza sobre los hombros? Bueno, pues a Trino le sobraba. Esta tarde dis-
putó con Baudilio sobre quien de los dos
comía más. Pagó Baudilio, claro. Y ¿sabes
qué se comió el Trino? Dos docenas de hue-
vos para empezar; luego se zampó un co-
chinillo y hasta royó los huesos y todo. Yo
le decía: «Para ya.» Y ¿sabes que me contestó? Me dice: «Tú a esconder, marrano.»
Se había metido ya dos litros de vino y no
sabía lo que se hacía. Y es lo que yo me
digo, si no saben beber es mejor que no lo
hagan. Le está bien empleado ¡eso es todo
lo que se me ocurre!

Goyo tenía los ojos enloquecidos, y según hablaba, su voz adquiría unos trémo-
los extraños. Era distinto a cuando pesca-
ba. En todo caso tenía cara de pez. De repente se volvió al niño, le tomó de la mano
y tiró de él brutalmente hacia dentro de la
casa. Luego empujó la puerta de un pun-

tapié. Voceó, como si el Senderines fuera
culpable de algo:

—Luego me ha dado dos guantadas ¿sabes? Y eso no se lo perdono yo ni a mi
padre, que gloria haya. Si no sabe beber
que no beba. Al fin y al cabo yo no quería
jugar y él me obligó a hacerlo. Y si le había
ganado la apuesta a Baudilio, otras veces
tendremos que perder, digo yo. La vida es
así. Unas veces se gana y otras se pierde.
Pero él, no. Y va y me dice: «¿Tienes triunfo?» Y yo le digo que sí, porque era cierto
y el Baudilio terció entonces que la lengua
en el culo y que para eso estaban las señas.
Pero yo dije que sí y él echó una brisca y
Baudilio sacudió el rey pero yo no tenía
para matar al rey aunque tenía triunfo y
ellos se llevaron la baza.

Goyo jadeaba. El sudor le escurría por
la piel lo mismo que cuando luchaba con
los barbos desde la presa. Le exaltaba una
irritación creciente a causa de la conciencia de que Trino estaba muerto y no podía
oírle. Por eso voceaba a el Senderines en la
confianza de que algo le llegara al otro y
el Senderines le miraba atónito, enervado
por una dolorosa confusión. La Ovi perma-
necía muda, con las chatas manos levemente crispadas sobre el respaldo de una silla.
Goyo vociferó:

—Bueno, pues Trino, sin venir a cuento,
se levanta y me planta dos guantadas. Así,

sin más; va y me dice: «Toma y toma, por
tu triunfo.» Pero yo sí tenía triunfo, lo juro
por mi madre, aunque no pudiera montar
al rey, y se lo enseñé a Baudilio y se puso
a reír a lo bobo y yo le dije a Trino que era
un mermado y él se puso a vocear que me
iba a pisar los hígados. Y yo me digo que
un hombre como él no tiene derecho a golpear a nadie que no pese cien kilos, por
que es lo mismo que si pegase a una mujer.
Pero estaba cargado y quería seguir gol-
peándome y entonces yo me despaché a mi
gusto y me juré por éstas que no volvería
a mirarle a la cara así se muriera. ¿Comprendes ahora?

Goyo montó los pulgares en cruz y se los
mostró insistentemente a el Senderines,
pero el Senderines no le comprendía.

—Lo he jurado por éstas —agregó— y
yo no puedo ir contigo ahora; ¿sabes? Me
he jurado no dar un paso por él y esto es
sagrado, ¿comprendes? Todo ha sido tal y
como te lo digo.

Hubo un silencio. Al cabo, añadió Goyo,
variando de tono:

—Quédate con nosotros hasta que le den
tierra mañana. Duerme aquí; por la mañana bajas al pueblo y avisas al cura.

El Senderines denegó con la cabeza:

—Hay que vestirle —dijo—. Está desnudo sobre la cama.

La Ovi volvió a llevarse las manos a la boca:

—¡Ave María! —dijo.

Goyo reflexionaba. Dijo al fin, volviendo a poner en aspa los pulgares:

—¡Tienes que comprenderme! He jurado por éstas no volver a mirarle a la cara y no dar un paso por él. Yo le estimaba, pero él me dio esta tarde dos guantadas sin motivo y ello no se lo perdono yo ni a mi padre. Ya está dicho.

Le volvió la espalda al niño y se dirigió al fondo de la habitación. El Senderines vaciló un momento: «Bueno», dijo. La Ovi salió detrás de él a lo oscuro. De pronto, el Senderines sentía frío. Había pasado mucho calor tratando de vestir a Trino y, sin embargo, ahora, le castañeteaban los dientes. La Ovi le agarró por un brazo; hablaba nerviosamente:

—Escucha, hijo. Yo no quería dejarte solo esta noche, pero me asustan los muertos. Esta es la pura verdad. Me dan miedo las manos y los pies de los muertos. Yo no sirvo para eso.

Miraba a un lado y a otro empavorecida. Agregó:

—Cuando lo de mi madre tampoco estuve y ya ves, era mi madre y era en mí una obligación. Luego me alegré porque mi cuñada me dijo que al vestirla después de muerta todavía se quejaba. ¡Ya ves tú! ¿Tú crees, hijo, que es posible que se queje un muerto? Con mi tía también salieron luego con que si la gata estuvo hablando sola tendida a los pies de la difunta. Cuando hay muertos en las casas suceden cosas muy raras y a mí me da miedo y sólo pienso en que llegue la hora del entierro para descansar.

El resplandor de las estrellas caía sobre su rostro espantado y también ella parecía una difunta. El niño no respondió. Del ribazo llegó el golpeteo de la codorniz dominando el sordo estruendo de la Central.

—¿Qué es eso? —dijo la mujer, electrizada.

—Una codorniz —respondió el niño.

—¿Hace así todas las noches?

—Sí.

—¿Estás seguro?

Ella contemplaba sobrecogida el leve oleaje del trigal.

—Sí.

Sacudió la cabeza:

—¡Ave María! Parece como si cantara aquí mismo; debajo de mi saya.

Y quiso reír, pero su garganta emitió un ronquido inarticulado. Luego se marchó.

El Senderines pensó en Conrado porque se le hacía cada vez más arduo regresar solo al lado de Trino. Vagamente temía que se quejase si él volvía a manipular con sus piernas o que el sarnoso gato de la Central, que miraba talmente como una persona, se hubiera acostado a los pies de la cama y estuviese hablando. Conrado trató de tranquilizarle. Le dijo:

Que los muertos, a veces, conservan aire en el cuerpo y al doblarles por la cintura chillan porque el aire se escapa por arriba o por abajo, pero que, bien mirado, no pueden hacer daño.

Que los gatos en determinadas ocasiones parece ciertamente que en lugar de «miau» dicen «mío», pero te vas a ver y no han dicho más que «miau» y eso sin intención.

Que la noticia le había dejado como sin sangre, esta es la verdad, pero que estaba amarrado al servicio como un perro, puesto que de todo lo que ocurriese en su ausencia era él el único responsable.

Que volviera junto a su padre, se acostara y esperase allí, ya que a las seis de la mañana terminaba su turno y entonces, claro, iría a casa de Trino y le ayudaría.

Cuando el niño se vio de nuevo solo junto a la balsa se arrodilló en la orilla y sumergió sus bracitos desnudos en la corriente. Los residuos de la C.E.S.A. resaltaban en la oscuridad y el Senderines arrancó un junco y trató de atraer el más próximo. No lo consiguió y, entonces, arrojó el junco lejos y se sentó en el suelo contrariado. A su derecha, la reja de la Central absorbía ávidamente el agua, formando unos tumultuosos remolinos. El resto del río era una su-

perficie bruñida, inmóvil, que reflejaba los
agujeritos luminosos de las estrellas. Los
chopos de las márgenes volcaban una sombra tenue y fantasmal sobre las aguas quie-
tas. El cebollero y la codorniz apenas se oían
ahora, eclipsadas sus voces por las gárga-
ras estruendosas de la Central. El Senderines pensó con pavor en los lucios y, luego,
en la necesidad de vestir a su padre, pero
los amigos de su padre o habían dejado de
serlo, o estaban afanados, o sentían miedo
de los muertos. El rostro del niño se ilumi-
nó de pronto, extrajo la cajita de betún del
bolsillo y la entreabrió. El gusano brillaba
con un frío resplandor verdiamarillo que
reverberaba en la cubierta plateada. El niño
arrancó unas briznas de hierba y las metió
en la caja. «Este bicho tiene que comer
—pensó—, si no se morirá también.» Luego
tomó una pajita y la aproximó a la luz;
la retiró inmediatamente y observó el extremo y no estaba chamuscado y él imaginó
que aún era pronto y volvió a incrustarla
en la blanda fosforescencia del animal. El
gusano se retorcía impotente en su pri-
sión. Súbitamente, el Senderines se incorporó y, a pasos rápidos, se encaminó a la
casa. Sin mirar al lecho con el muerto, se
deslizó hasta la mesilla de noche y una vez
allí colocó la luciérnaga sobre el leve montoncito de yerbas, apagó la luz y se dirigió
a la puerta para estudiar el efecto. La pun-

tita del gusano rutilaba en las tinieblas y el niño entreabrió los labios en una semi-sonrisa. Se sentía más conforme. Luego pensó que debería cazar tres luciérnagas más para disponer una en cada esquina de la cama y se complació previendo el conjunto.

De pronto, oyó cantar abajo, en el río, y olvidó sus proyectos. No tenía noticia de que el Pernales hubiera llegado. El Pernales bajaba cada verano a la Cascajera a fabricar piedras para los trillos. No tenía otros útiles que un martillo rudimentario y un pulso matemático para golpear los guijarros del río. A su golpe éstos se abrían como rajas de sandía y los bordes de los fragmentos eran agudos como hojas de afeitar. Canor y él, antaño, gustaban de verle afanar, sin precipitaciones, con la colilla apagada fija en el labio inferior, el parcheado sombrero sobre los ojos, canturreando perezosamente. Las tórtolas cruzaban de vez en cuando sobre el río como ráfagas; y los peces se arrimaban hasta el borde del agua sin recelos porque sabían que el Pernales era inofensivo.

Durante el invierno, el Pernales desaparecía. Al concluir la recolección, cualquier mañana, el Pernales ascendía del cauce con un hatillo en la mano y se marchaba carretera adelante, hacia los tesos, canturreando. Una vez, Conrado dijo que le había visto vendiendo confituras en la ciudad, a la puerta de un cine. Pero Baudilio, el capataz de la C.E.S.A., afirmaba que el Pernales pasaba los meses fríos mendigando de puerta en puerta. No faltaba quien decía que el Pernales invernaba en el Africa como las golondrinas. Lo cierto es que al anunciarse el verano llegaba puntualmente a la Cascajera y reanudaba el oficio interrumpido ocho meses antes.

El Senderines escuchaba cantar desafinadamente más abajo de la presa, junto al puente; la voz del Pernales ahuyentaba las sombras y los temores y hacía solubles todos los problemas. Cerró la puerta y tomó la vereda del río. Al doblar el recodo divisó la hoguera bajo el puente y al hombre inclinándose sobre el fuego sin cesar de cantar. Ya más próximo distinguió sus facciones rojizas, su barba de ocho días, su desastrada y elemental indumentaria. Sobre el pilar del puente, un cartelón de brea decía: «Se benden pernales para trillos.»

El hombre volvió la cara al sentir los pasos del niño:

—Hola —dijo—, entra y siéntate. ¡Vaya como has crecido! Ya eres casi un hombre. ¿Quieres un trago?

El niño denegó con la cabeza.

El Pernales empujó el sombrero hacia la nuca y se rascó prolongadamente:

— ¿Quieres cantar conmigo? —pregun-

tó—. Yo no canto bien, pero cuando me da
la agonía dentro del pecho, me pongo a cantar y sale.

—No —dijo el niño.

—¿Qué quieres entonces? Tu padre el
año pasado no necesitaba piedras. ¿Es que
del año pasado a éste se ha hecho tu padre
un rico terrateniente? Ji, ji, ji.

El niño adoptó una actitud de gravedad.

—Mi padre ha muerto —dijo y permaneció a la expectativa.

El hombre no dijo nada; se quedó unos
segundos perplejo, como hipnotizado por
el fuego. El niño agregó:

—Está desnudo y hay que vestirle antes
de dar aviso.

— ¡Ahí va! —dijo, entonces, el hombre y
volvió a rascarse obstinadamente la cabeza.
Le miraba ahora el niño de refilón. Súbitamente dejó de rascarse y añadió:

—La vida es eso. Unos viven para ente-
rrar a los otros que se mueren. Lo malo será
para el que muera el último.

Los brincos de las llamas alteraban a in-
tervalos la expresión de su rostro. El Pernales se agachó para arrimar al fuego una
brazada de pinocha. De reojo observaba al
niño. Dijo:

—El Pernales es un pobre diablo, ya lo
sabemos todos. Pero eso no quita para que
a cada paso la gente venga aquí y me diga:
«Pernales, por favor, échame una mano»,

como si Pernales no tuviera más que hacer
que echarle una mano al vecino. El negocio
del Pernales no le importa a nadie; al Pernales, en cambio tienen que importarle los
negocios de los demás. Así es la vida.

Sobre el fuego humeaba un puchero y
junto al pilar del puente se amontonaban
las esquirlas blancas, afiladas como cuchillos. A la derecha, había media docena de
latas abolladas y una botella. El Senderines
observaba todo esto sin demasiada atención
y cuando vio al Pernales empinar el codo
intuyó que las cosas terminarían por arre-
glarse:

—¿Vendrás? —preguntó el niño, al cabo
de una pausa, con la voz quebrada.

El Pernales se frotó una mano con la otra
en lo alto de las llamas. Sus ojillos se avi-
varon:

—¿Qué piensas hacer con la ropa de tu
padre? —preguntó como sin interés—. Eso
ya no ha de servirle. La ropa les queda a los
muertos demasiado holgada; no sé lo que
pasa, pero siempre sucede así.

Dijo el Senderines:

—Te daré el traje nuevo de mi padre si
me ayudas.

—Bueno, yo no dije tal —agregó el hombre—. De todas formas si yo abandono mi
negocio para ayudarte, justo es que me
guardes una atención, hijo. ¿Y los zapatos?

¿Has pensado que los zapatos de tu padre no te sirven a ti ni para sombrero?

—Sí —dijo el niño—. Te los daré también.

Experimentaba, por primera vez, el raro placer de disponer de un resorte para mover a los hombres. El Pernales podía hablar durante mucho tiempo sin que la colilla se desprendiera de sus labios.

—Está bien —dijo. Tomó la botella y la introdujo en el abombado bolsillo de su chaqueta. Luego apagó el fuego con el pie:

—Andando —agregó.

Al llegar al sendero, el viejo se volvió al niño:

—Si invitaras a la boda de tu padre no estarías solo —dijo—. Nunca comí yo tanto chocolate como en la boda de mi madre. Había allí más de cuatro docenas de invitados. Bueno, pues, luego se murió ella y allí nadie me conocía. ¿Sabes por qué, hijo? Pues porque no había chocolate.

El niño daba dos pasos por cada zancada del hombre, que andaba bamboleándose como un veterano contramaestre. Carraspeó, hizo como si masticase algo y por último escupió con fuerza. Seguidamente preguntó:

—¿Sabes escupir por el colmillo, hijo?

—No —dijo el niño.

—Has de aprenderlo. Un hombre que sabe

escupir por el colmillo ya puede caminar solo por la vida.

El Pernales sonreía siempre. El niño le miraba atónito; se sentía fascinado por los huecos de la boca del otro.

—¿Cómo se escupe por el colmillo? —preguntó, interesado. Comprendía que ahora que estaba solo en el mundo le convenía aprender la técnica del dominio y la sugestión.

El hombre se agachó y abrió la boca y el niño metió la nariz por ella, pero no veía nada y olía mal. El Pernales se irguió:

—Está oscuro aquí, en casa te lo diré.

Mas en la casa dominaba la muda presencia de Trino, inmóvil, sobre la cama. Sus miembros se iban aplomando y su rostro, en tan breve tiempo, había adquirido una tonalidad cérea. El Pernales, al cruzar ante él, se descubrió e hizo un borroso ademán, como si se santiguara.

—¡Ahí va! —dijo—. No parece él; está como más flaco.

Al niño, su padre muerto le parecía un gigante. El Pernales divisó la mancha que había junto al embozo.

—Ha reventado ¿eh?

Dijo el Senderines:

—Decía el doctor que sólo se mueren los flacos.

—¡Vaya! —respondió el hombre—. ¿Eso dijo el doctor?

—Sí —prosiguió el niño.

—Mira —agregó el Pernales—. Los hombres se mueren por no comer o por comer demasiado.

—Intentó colocar los pantalones en la cintura del muerto sin conseguirlo. De repente reparó en el montoncito de yerbas con la luciérnaga:

—¿Quién colocó esta porquería ahí? —dijo.

—¡No lo toques!

—¿Fuiste tú?

—Sí.

—¿Y qué pinta eso aquí?

—¡Nada; no lo toques!

El hombre sonrió.

—¡Echa una mano! —dijo—. Tu padre pesa como un camión.

Concentró toda su fuerza en los brazos y por un instante levantó el cuerpo, pero el niño no acertó a coordinar sus movimientos con los del hombre:

—Si estás pensando en tus juegos no adelantaremos nada —gruñó—. Cuando yo levante, echa la ropa hacia arriba, si no no acabaremos nunca.

De pronto, el Pernales reparó en el despertador en la repisa y se fue a él derechamente.

—¡Dios! —exclamó—. ¡Ya lo creo que es bonito el despertador! ¿Sabes, hijo, que

yo siempre quise tener un despertador igua-
lito a éste?

Le puso a sonar y su sonrisa desdentada
se distendía conforme el timbre elevaba su
estridencia. Se rascó la cabeza.

—Me gusta —dijo—. Me gusta por vivir.

El niño se impacientaba. La desnudez del
cuerpo de Trinidad, su palidez de cera, le
provocaban el vómito. Dijo:

—Te daré también el despertador si me
ayudas a vestirle.

—No se trata de eso ahora, hijo —se
apresuró el Pernales—. Claro que yo no
voy a quitarte la voluntad si tienes el capricho de obsequiarme, pero yo no te he pedido nada, porque el Pernales si mueve una
mano no extiende la otra para que le re-
compensen. Cuando el interés mueve a los
hombres, el mundo marcha mal; es cosa
sabida.

Sus ojillos despedían unas chispitas so-
carronas. Cantó la codorniz en el trigo y
el Pernales se aquietó. Al concluir el ruido
y reanudarse el monótono rumor de la Central, guiñó un ojo.

—Este va a ser un buen año de codorni-
ces —dijo—. ¿Sentiste con qué impaciencia llama la tía?

El niño asintió sin palabras y volvió los
ojos al cadáver de su padre. Pero el Pernales no se dio por aludido.

—¿Dónde está el traje y los zapatos que

me vas a regalar? —preguntó—. El Senderines le llevó al armario.

—Mira —dijo.

El hombre palpaba la superficie de la
tela con sensual delectación.

—¡Vaya, si es un terno de una vez!
—dijo—. Listado y color chocolate como
a mí me gustan. Con él puesto no me va
a conocer ni mi madre.

Sonreía. Agregó:

—La Paula, allá arriba, se va a quedar
de una pieza cuando me vea. Es estirada
como una marquesa, hijo. Yo la digo: «Paula, muchacha, ¿dónde te pondremos que
no te cague la mosca?». Y ella se enfada.
Ji, ji, ji.

El Pernales se descalzó la vieja sandalia
e introdujo su pie descalzo en uno de los
zapatos.

—Me bailan, hijo. Tú puedes compro-
barlo. —Sus facciones, bajo la barba, adop-
taron una actitud entre preocupada y per-
pleja—: ¿Qué podemos hacer?

El niño reflexionó un momento.

—Ahí tiene que haber unos calcetines de
listas amarillas —dijo al cabo—. Con ellos
puestos te vendrán los zapatos más justos.

—Probaremos —dijo el viejo.

Sacó los calcetines de listas amarillas del
fondo de un cajón y se vistió uno. En la
punta se le formaba una bolsa vacía.

—Me están que ni pintados, hijo.

Sonreía. Se alzó el zapato y se lo abrochó; luego estiró la pierna y se contempló con una pícara expresión de complacencia. Parecía una estatua con un pedestal desproporcionado.

—¿Crees tú que Paula querrá bailar conmigo, ahora, hijo?

A sus espaldas, Trino esperaba pacientemente, resignadamente, que cubriera su desnudez. A el Senderines empezaba a pesarle el sueño sobre las cejas. Se esforzaba en mantener los ojos abiertos y, a cada intento, experimentaba la sensación de que los globos oculares se dilataban y oprimían irresistiblemente los huecos de sus cuencas. La inmovilidad de Trino, el zumbido de la Central, la voz del Pernales, el golpeteo de la codorniz, eran incitaciones casi invencibles al sueño. Mas él sabía que era preciso conservarse despierto, siquiera hasta que el cuerpo de su padre estuviera vestido.

El Pernales se había calzado el otro pie y se movía ahora con el equilibrio inestable de quien por primera vez calza zuecos. De vez en cuando, la confortabilidad inusitada de sus extremidades tiraba de sus pupilas y él entonces cedía, bajaba los ojos, y se recreaba en el milagro, con un asomo de vanidosa complacencia. Advirtió súbitamente, la impaciencia del pequeño, se rascó la cabeza y dijo:

—¡Vaaaya! A trabajar. No me distraigas hijo.

Se aproximó al cadáver e introdujo las dos manos bajo la cintura. Advirtió:

—Estate atento y tira del pantalón hacia arriba cuando yo le levante.

Pero no lo logró hasta el tercer intento. El sudor le chorreaba por las sienes. Luego, cuando abotonaba el pantalón, dijo, como para sí:

—Es la primera vez que hago esto con otro hombre.

El Senderines sonrió hondo. Oyó la voz del Pernales.

—No querrás que le pongamos la camisa nueva, ¿verdad, hijo? Digo yo que de esa camisa te sacan dos para ti y aún te sobra tela para remendarla.

Regresó del armario con la camisa que Trino reservaba para los domingos. Agregó confidencialmente:

—Por más que si te descuidas te cuesta más eso que si te las haces nuevas.

Superpuso la camisa a sus harapos y miró de frente al niño. Le guiñó un ojo y sonrió.

—Eh, ¿qué tal? —dijo.

El niño quería dormir, pero no quería quedarse solo con el muerto.

Añadió el Pernales:

—Salgo yo a la calle con esta camisa y la gente se piensa que soy un ladrón. Sin embargo, me arriesgaría con gusto si supiera

que la Paula va a aceptar un baile conmigo
por razón de esta camisa. Y yo digo: ¿Para
qué vas a malgastar en un muerto una ropa
nueva cuando hay un vivo que la puede
aprovechar?

—Para ti —dijo el niño a quien la noche
pesaba ya demasiado sobre las cejas.

—Bueno, hijo, no te digo que no, porque
este saco de poco te puede servir a ti, si no
es para sacarle lustre a los zapatos.

Depositó la camisa flamante sobre una
silla, tomó la vieja y sudada de la que Trino
acababa de despojarse, introdujo su brazo
bajo los sobacos del cadáver y le incorporó:

—Así —dijo—. Métele el brazo por esa
manga..., eso es.

La falta de flexibilidad de los miembros
de Trino exasperaba al niño. El esperaba
algo que no se produjo:

—No ha dicho nada —dijo, al concluir
la operación con cierto desencanto.

El Pernales volvió a él sus ojos asom-
brados:

—¿Quién?

—El padre.

—¿Qué querías que dijese?

—La Ovi dice que los muertos hablan y
a veces hablan los gatos que están junto a
los muertos.

—¡Ah, ya! —dijo el Pernales.

Cuando concluyó de vestir al muerto,
destapó la botella y echó un largo trago.

A continuación la guardó en un bolsillo, el despertador en el otro y colocó cuidadosamente el traje y la camisa en el antebrazo. Permaneció unos segundos a los pies de la cama, observando el cadáver.

—Digo —dijo de pronto— que este hombre tiene los ojos y la boca tan abiertos como si hubiera visto al diablo. ¿No probaste de cerrárselos?

—No —dijo el niño.

El Pernales vaciló y, finalmente, depositó las ropas sobre una silla y se acercó al cadáver. Mantuvo un instante los dedos sobre los párpados inmóviles y cuando los retiró, Trinidad descansaba. Seguidamente le anudó un pañuelo en la nuca, pasándosele bajo la barbilla. Dijo, al concluir:

—Mañana, cuando bajes a dar aviso, se lo puedes quitar.

El Senderines se erizó.

—¿Es que te marchas? —inquirió anhelante.

—¡Qué hacer! Mi negocio está allá abajo, hijo, no lo olvides.

El niño se despabiló de pronto:

—¿Qué hora es?

El Pernales extrajo el despertador del bolsillo.

—Esto tiene las dos; puede que vaya adelantado.

—Hasta las seis no subirá Conrado de la

Central —exclamó el niño—. ¿Es que no puedes aguardar conmigo hasta esa hora?

—¡Las seis! Hijo, ¿qué piensas entonces que haga de lo mío?

El Senderines se sentía desolado. Recorrió con la mirada toda la pieza. Dijo, de súbito, desbordado:

—Quédate y te daré... te daré —se dirigió al armario— esta corbata y estos calzoncillos y este chaleco y la pelliza, y... y...

Arrojó todo al suelo, en informe amasijo. El miedo le atenazaba. Echó a correr hacia el rincón.

—... Y el aparato de radio —exclamó.

Levantó hacia el Pernales sus pupilas humedecidas.

—Pernales, si te quedas te daré también el aparato de radio —repitió triunfalmente.

El Pernales dio unos pasos ronceros por la habitación.

—El caso es —dijo— que más pierdo yo por hacerte caso.

Mas cuando le vio sentado, el Senderines le dirigió una sonrisa agradecida. Ahora empezaban a marchar bien las cosas. Conrado llegaría a las seis y la luz del sol no se marcharía ya hasta catorce horas más tarde. Se sentó, a su vez, en un taburete, se acodó en el jergón y apoyó la barbilla en las palmas de las manos. Volvía a ganarle un enervamiento reconfortante. Permaneció unos minutos mirando al Pernales en silencio. El «bom-bom» de la Central ascendía pesadamente del cauce del río.

Dijo el niño, de pronto:

—Pernales, ¿cómo te las arreglas para escupir por el colmillo? Esa es una cosa que yo quisiera aprender.

El Pernales sacó pausadamente la botella del bolsillo y bebió; bebió de largo como si no oyera al niño; como si el niño no existiese. Al concluir, la cerró con parsimonia y volvió a guardarla. Finalmente, dijo:

—Yo aprendí a escupir por el colmillo, hijo, cuando me di cuenta que en el mundo hay mucha mala gente y que con la mala gente si te lías a trompazos te encierran y si escupes por el colmillo nadie te dice nada. Entonces yo me dije: «Pernales, has de aprender a escupir por el colmillo para poder decir a la mala gente lo que es sin que nadie te ponga la mano encima, ni te encierren». Lo aprendí. Y es bien sencillo, hijo.

La cabecita del niño empezó a oscilar. Por un momento el niño trató de sobreponerse; abrió desmesuradamente los ojos y preguntó:

—¿Cómo lo haces?

El Pernales abrió un palmo de boca y hablaba como si la tuviera llena de pasta.

Con la negra uña de su dedo índice se señalaba los labios. Repitió:

—Es bien sencillo, hijo. Combas la lengua y en el hueco colocas el escupitajo...

El Senderines no podía con sus párpados. La codorniz aturdía ahora. El grillo hacía un cuarto de hora que había cesado de cantar.

—... luego no haces sino presionar contra los dientes y...

El Senderines se dejaba arrullar. La conciencia de compañía había serenado sus nervios. Y también el hecho de que ahora su padre estuviera vestido sobre la cama. Todo lo demás quedaba muy lejos de él. Ni siquiera le preocupaba lo que pudiera encontrar mañana por detrás de los tesos.

—... y el escupitajo escapa por el colmillo por que...

Aún intentó el niño imponerse a la descomedida atracción del sueño, pero terminó por reclinar suavemente la frente sobre el jergón, junto a la pierna del muerto y quedarse dormido. Sus labios dibujaban la iniciación de una sonrisa. y en su tersa mejilla había aparecido un hoyuelo diminuto.

Despertó, pero no a los pocos minutos, como pensaba, porque la luz del nuevo día se adentraba ya por la ventana y las alondras cantaban en el camino y el Pernales no estaba allí, sino Conrado. Le descubrió

como a través de una niebla, alto y grave, a
los pies del lecho. El niño no tuvo que sonreír de nuevo, sino que aprovechó la esbo-
zada sonrisa del sueño para recibir a Conrado.

—Buenos días —dijo.

La luciérnaga ya no brillaba sobre la
mesa de noche, ni el cebollero cantaba, ni
cantaba la codorniz, pero el duro, incansa-
ble pulso de la Central, continuaba latiendo
abajo, junto al río. Conrado se había abo-
tonado la camisa blanca hasta arriba para
entrar donde el muerto. El Senderines se
incorporó desplazando el taburete con el
pie. Al constatar la muda presencia de Trino, pavorosamente blanco, pavorosamente
petrificado, comprendió que para él no llegaba ya la nueva luz y cesó repentinamente
de sonreír. Dijo:

—Voy a bajar a dar aviso.

Conrado asintió, se sentó en el taburete
que el niño acababa de dejar, lo arrimó a la
cama, sacó la petaca y se puso a liar un ci-
garrillo, aunque le temblaban ligeramente
las manos.

—No tardes —dijo.

El amor propio de Juanito Osuna

Eso sí, Juanito Osuna es amigo de sus
amigos; créame, es un tipo estupendo. Le
contaría de él y no acabaría. Juanito Osuna
se entera en París de que uno está en un
aprieto en Madrid y se coge el primer avión.
Eso, fijo. Nada le digo en lo tocante a dinero. Ya de chico era igual. Mi amistad con
Juanito Osuna viene desde que éramos así.
Es un caso de voluntad este muchacho.
¿Qué? Sí, ahora andará por los cincuenta
y uno. Es un tipo estupendo, Juanito. Y habrá usted notado que es fuerte. De muchacho ya era así. De un mamporro tumbaba
al más guapo. ¡Qué manos! Son como ma-
zas. Lo habrá usted advertido. En el Colegio, el profesor de gimnasia, se sentía dis-

minuido. Ejercicio que proponía, Juanito
Osuna lo mejoraba. ¡Había que verle en las
salidas de paralelas! Ahora ha engordado
un poco pero sigue fuerte el condenado. Se
habrá usted fijado en las manos. Dan miedo. Eso sí, nunca las empleó con ventaja.
Juanito tiene un exacto sentido de la justicia. Pero por encima de todo, incluso de la
justicia, pone Juanito Osuna la amistad.
Juanito Osuna se entera en París de que
está usted en un aprieto en Madrid y se
agarra, sin más, el primer avión. Yo con
Juanito Osuna, qué le voy a decir, una
amistad fraternal. Anduvimos juntos desde que nacimos. Juanito Osuna es hijo de
uno de los más grandes terratenientes
extremeños, don Donato Osuna. Ella era
hija de la Marquesa de Encina; un Osuna
con una Castro-Bembibre; dos fortunas.
Ella era una mujer original pero estaba
completamente loca; la daba miedo dor-
mirse; era capaz de traer en jaque a toda
la casa con tal de no acostarse. Así ha
salido Juanito. Juanito Osuna lo que quiera de generosidad y corrección pero está
completamente loco. Es una pena que no
se quede usted más tiempo; le conocería bien. Esto de hoy no ha sido más que
una muestra. Pero Juanito las gasta así.
Cuando la guerra lo pasó mal. Salvó la piel
gracias al hijo de un criado a quien don
Donato Osuna hizo operar por su cuenta

en la mejor clínica de Madrid. Créame, los
Osuna nunca miraron el dinero. Si usted
saca una conversación en que se roce el
dinero delante de Juanito Osuna le dirá
que es una ordinariez. Pero en la guerra lo
pasó mal. Tuvo mala suerte, le requisaron
los dos coches y él anduvo movilizado.
Mal. Pasó muchas privaciones. ¿Eh? Sí,
creo que en Sanidad, pero de soldado raso
no se vaya usted a pensar. Imagínese a un
Osuna con el caqui, un despropósito. Lo
pasó mal; verdaderamente mal. Pero él es
fuerte. Ya ve, a los cincuenta y uno conti-
núa haciendo gimnasia sueca todas las mañanas. Juanito Osuna es un caso de voluntad. Y es fuerte. ¿Ha reparado usted en
sus manos? La escopeta entre ellas parece
una estilográfica. Y tira bien, el condenado. No voy a negar la evidencia. En Méri-
da yo le he visto, no es que hable por hablar, que lo he visto yo, hacer 30 pichones
sin cero a treinta metros. No creo que esta
marca la mejore Teba siquiera. Claro que
un día es un día. Yo en una ocasión, sin
homologación, hice 32. Esto no quiere decir nada. Juanito Osuna es un gran tirador
pero el amor propio le perjudica. Desde
luego, Juanito es un tipo estupendo pero
está completamente loco. El mes pasado
asistió a 22 cacerías, algunas distanciadas
entre sí más de 200 kilómetros. ¿Cómo? Sí,
naturalmente un Mercedes de aquí hasta

allá. El Mercedes anda mucho. Pero de todos modos 22 batidas en treinta días es un disparate. Fallan los nervios, se altera el pulso... Siento que no se quede usted más tiempo, le conocería bien. Por otro lado es como un muchacho. De que ve venir la barra de perdices, antes de matar la primera, se pone temblón como un novato. En el tiro le pasa igual. Luego coge el tranquillo y un pájaro detrás de otro... Tira bien, desde luego. Ahora, eso de que sea la primera escopeta de la provincia... Pero, además, lo que yo digo, esto de tirar mejor o peor, no tiene importancia. Lo importante, creo yo, es salir al campo y tomar el aire. Bueno, pues a Juanito Osuna no le vaya usted con esas. Ya le vio hoy. Y le anticipo que Juanito es un amigo como no habrá otro. A Juanito Osuna le dicen en París que usted anda en un aprieto en Madrid y se agarra el primer avión aunque tenga que maniatar a la azafata. Es un gran muchacho. Ahora, el amor propio le ciega. Ya le vio usted hoy. No quiere enterarse de que a mí el matar o no matar me trae sin cuidado. Bueno, pues habrá que oírle ahora en el Club. Julia, le digo a este señor, que habrá que oír a Juanito Osuna ahora en el Club. No quiera usted saber. Ya le oyó en el bar. « ¡Cuarenta y siete pájaros contra veintitrés, Paquito! » ¿Le oía usted? Bueno. Bien. Otra vez será al revés. Y con más frecuencia de lo que él qui-

siera: lo de hoy no es normal. Y no es que
yo presuma de tirador, la verdad. Ahora,
modestia aparte, yo, en batida, mato todo
lo que entre para matarse. Pero no hago
de esto una cuestión de amor propio. Yebes me elogió una vez en el «ABC». Bueno, no me han salido plumas por ello.
A propósito del artículo de Yebes, tenía usted que haber visto a Juanito Osuna cuando se lo dieron a leer en una batida al día
siguiente. Ji, ji, ji. Se puso loco. No había
quien le contuviera. Yo no lo tomaba en
serio. A mí el matar o no matar me trae
sin cuidado, ya me conoce usted. Pero em-
pezaron todos con el pitorreo y él acabó
por decirme que cada uno teníamos una
escopeta en la mano y cuando quisiera. Ji,
ji, ji. ¡Buen muchacho, Juanito! Lástima
que esté completamente loco. Usted le ha
visto esta tarde. Julia, este señor te puede
decir el plan de Juanito esta tarde: « ¡Cuarenta y siete pájaros contra veintitrés, Paquito! » A voces por las calles. Y voy y le
digo: «Estos días traerán otros» y él, entonces, que el día que yo le echaba mano
era por una perdiz o dos mientras que él
hoy me había más que doblado la cifra. Ya
ves, como si esto para mi fuera una cuestión vital. ¡Con su pan se lo coma! A mí,
la verdad, no me da frío ni calor pero me
fastidia que se ponga en ese plan delante
de los batidores y toda la ralea. Para qué

voy a darlo más vueltas, Julia, como el día
de las pitorras. ¿Te acuerdas del día de las
pitorras en la sierra? Pues el mismo plan.
Ahora, no se vaya usted a pensar que yo
no estime a Juanito Osuna. No hay en Extremadura un tipo mejor que él. ¿Eh?
¿Cómo? Sí, creo que ocho. ¿Son ocho o
nueve, Julia? Ocho, ocho tiene, tres varo-
nes y cinco muchachas. Eso. Y con los chicos no quiera usted saber. A usted ¿qué le
decía? ¿Qué le decía, eh? Que los picadillos
con los muchachos eran fingidos ¿verdad?
Eso dice a todo el que llega. Julia ¿oyes?
Que los picadillos con los muchachos son
de mentirijillas. Mire, yo he visto a Juanito
Osuna, y de esto no hará más de dos tem-
poradas, ponerse temblón porque Jorgito
le sacó dos piezas en la primera batida.
¿Qué le parece? Jorgito es el mayor de la
serie. Es un buen rapaz pero está completamente loco. Ahora anda metido en un
estudio sobre la justicia o la injusticia del
latifundio. Ya ve usted qué le irá a él que
el latifundio sea justo o no lo sea. Es un tí-
mido, eso le pasa. Eso sí, orgullo y amor
propio como su padre; si va a cazar es
para ser el primero. Y usted ha visto cómo
han rodado hoy las cosas. Yo no creo que
sea inmodesto si digo que he matado todo
lo que podía matarse. ¿Podría decir Juanito Osuna lo mismo? La primera batida todavía. Ahí la perdiz, usted lo vio, entró

repartida. Tiramos todos. Bueno, pues Juanito se apuntó diez y yo nueve. Luego ya lo vio usted. De punta, volviendo el cerro, y cargando aire. Es un puesto de castigo, ese. Si no disparo la escopeta ¿cómo voy a matar? Eso no es posible. Pero no le vaya usted con razones a Juanito Osuna. Usted le oyó esta tarde como un energúmeno: «¡Cuarenta y siete pájaros contra veintitrés, Paquito!» A estas horas toda la ciudad andará en lenguas. ¡Y todavía pretendía que fuera con él al Club! Tú sabes, Julia, lo que es Juanito en el Club el día que cobra más que yo. Oye, Julia, por favor, dile a este señor cómo se puso Juanito el día de las pitorras. Créame, el día que mata se pone inaguantable. Y es el cochino amor propio. Porque a mí, si acepto una batida, es por tomar el aire y aguantar en forma. Matar o no matar es secundario. Si se mata, bien. Si no se mata, también. Pero él... Habrá que oirle ahora. Me juego la cabeza a que toda la ciudad está enterada a estas horas de que me ha doblado los pájaros. ¡Figúrese qué tontería! Cincuenta y un años y es como un muchacho. Y en la tercera batida ya lo vio usted. La del canchal, quiero decir. Bueno. Empecemos porque un cancho pelado no es un puesto envidiable. O asomas y te ven o no asomas y no las ves. Así y todo, usted lo presenció, derribé cinco. Pero perdices redondas

como hay que matarlas. Bueno, salgo con
Carmelo y no tropezamos más que tres.
Las otras dos habían volado. Lo que pasa
es que los secretarios de Pepe Vega, ya le
ha conocido usted, el otorrinolaringólogo,
andaban más despabilados. La caza es así.
Este Pepe Vega es un médico estupendo,
pero como cazador es un chambón. No creo
que en ninguna batida haya hecho más de
diez. Y hoy va y me saca siete pájaros.
¿Vamos a decir por eso que Pepito Vega
las sujeta mejor que yo? Le digo a este señor de Pepito, Julia. Pepito Vega es un
buen muchacho pero está completamente
loco. Si no tuviera usted tanta prisa le conocería a fondo. Y le advierto que Pepito
Vega, donde le ve usted con esa apariencia
de truhán, es de una de las mejores fami-
lias de por aquí. Veguita, padre, tenía título. ¿Qué título tenía el padre de Pepito,
Julia? No recuerdo ahora. Lo cierto es que
este chico ha derrochado en whisky tres
dehesas de más de tres mil fanegas cada
una; bueno, pues Pepito Vega tiene ese récord. Y hablando de whisky, Juanito Osuna tampoco se queda atrás. Es una espon-
ja. Juanito bebe como un cosaco. Eso sí,
jamás le he visto dar un traspiés. Juanito
Osuna tiene una naturaleza envidiable. Es
fuerte como un toro. ¿Ha reparado usted
en sus manos? Son como palas; pero tenga por seguro que nunca las empleó con

ventaja. ¡Habrá que verle ahora pavoneán-
dose en el Club! Usted le oyó esta tarde,
en el bar: « ¡Cuarenta y siete pájaros contra veintitrés, Paquito! » Yo no es que vaya
a discutirle que tire bien. Discutir eso sería tonto. Ahora, cuando Yebes dijo lo que
dijo en «ABC» tendría algún fundamento,
creo yo. Yebes conoce el paño y nunca ha-
bla a humo de pajas. Y Yebes estuvo pre-
cisamente en la batida de Granadilla, con
Teba y toda la pesca. Aquel día las cosas
rodaron bien y quedé a dos pájaros de
Teba. Usted ha visto tirar a Teba, supongo. Julia, este señor no vio tirar nunca a
Teba. Es un espectáculo, créame. A uno le
entra la barra y se pone temblón. Teba, no.
Teba sujeta dos pájaros por delante y dos
por detrás, como mínimo. Si le dijera que
hay quien asiste a un batida con Teba y no
tira sólo por el placer de verle tirar a él.
Bueno, pues Yebes asistió a la batida de
Granadilla y me sacó en el «ABC». A Juanito Osuna le mostraron el recorte en la
cacería siguiente y le llevaban los demo-
nios. Cómo andarían las cosas que terminó
diciéndome que cada uno teníamos una escopeta en la mano y cuando quisiera. Ji,
ji, ji. Juanito es un gran muchacho, pero
está completamente loco. ¿No es cierto,
Julia, que Juanito Osuna está completamente loco? Ya le vio usted hoy. A voces
por las calles. En cambio, cuando yo que-

do por delante se amurria como si tuviera
encima una desgracia. ¿Eh, cómo dice?
¿Cazando? Toda la vida. Juanito Osuna no
hizo otra cosa en su vida que pegar tiros.
En la guerra lo pasó mal. Le requisaron
los dos coches y le movilizaron. ¿Cómo?
Julia, ¿fue en Sanidad o en Intendencia
donde anduvo Juanito durante la guerra?
Bueno, es igual. El caso es que lo movilizaron. Pasó una mala temporada. Pero fuera de eso no ha hecho otra cosa que pegar
tiros. Ahora que recuerdo, Juanito tenía
un tío general. Un tipo pintoresco. No era
mala persona, pero estaba completamente
loco. Anduvo por la parte de Don Benito.
Contaban que dormía con las condecora-
ciones prendidas en la colcha. Un tipo divertido... Sí, era un tipo divertido el general aquél. Yo no sé que fue de él. Seguramente murió. No me acuerdo ni de su
nombre. A Juanito le ayudó mucho aquella temporada. Todos, en realidad, han ayu-
dado siempre a Juanito. Puede decirse que
es un muchacho mal criado. Todo el mundo, desde chico, a reírle las gracias. De
ahí, seguramente, su amor propio. Usted
le vio esta tarde. Era como para matarle o
dejarle. ¡Y aún tenía la pretensión, el bo-
tarate, de que fuésemos con él al Club! Es
una pena que usted no se quede más tiempo. Llegaría a conocerle. ¡Si le pudiéramos
ver ahora por una rendija! ¿Eh, Julia?

Digo que si pudiéramos ver a Juanito Osuna por una rendija ahora, en el Club. Es-
tará imposible. Se habrá sacudido media
docena de whiskys y sus 47 perdices se las
habrá refrotado 47 veces por la nariz a la
concurrencia. Y lo malo es que, detrás,
irán las 23 mías. Sus 47 pájaros sin los 23
míos no tienen ningún valor para él. Habrá
que oírle. Y usted ha sido testigo. A mí si
me quitan la primera batida, la cuarta y
la sexta, prácticamente no he disparado la
escopeta. He matado lo matable; lo que
entraba para matarse. Nada más. Y, además, lo he matado como había que matar-
lo. ¿Reparó usted en la segunda batida
aquellas tres que le cayeron a Juanito alicortas? Eso no es matar. Matar es hacer
una bola con la perdiz. Perdiz que no suel-
ta plumas en el aire no es perdiz matada.
La perdiz alicorta se ha encontrado un per-
digón. Eso es todo. Pero eso no es matar.
Bueno, pues me juego la cabeza a que a
Juanito le han cobrado hoy sus secretarios
más de una docena de piezas alicortas.
¿Qué te parece, Julia? Más de una docena,
alicortas. Así. Si se las restas le quedan
35. Añade a las 23 mías las dos del tercer
ojeo, el del canchal, usted las recuerda,
más las siete u ocho que entre Pepito
Vega y Floro Gilsanz me han quitado a izquierda y derecha y las tres perdidas en
las dos últimas batidas y me salen 36, una

más que Juanito Osuna. Esta es la realidad. Usted es testigo. Parto de la base de
que a mí matar más o menos no me importa. Yo salgo al campo a respirar. Pero lo
que es de justicia es de justicia y usted lo
ha visto. Es una lástima que no se quede
más tiempo. Si se quedara podría asistir a
la revancha. Ya me gustaría que viera usted a Juanito Osuna en un día de vacas
flacas. Se encoge como un perro apaleado.
Entonces es la mala suerte, o que no ha
tirado, o que la batida estaba mal organi-
zada. El siempre encuentra disculpas. ¿Eh,
Julia? Le digo de Juanito, que cuando no
mata, siempre hay una razón. No se me
olvidará nunca el día de las tórtolas en el
Cornadillo. Ji, ji, ji. Y ese día no podrá decir. Tiramos el mismo número de cartuchos.
Bueno, pues cincuenta por treinta y seis.
Ahí no hay vuelta de hoja. Y es que la caza
es así. Que él mate hoy más que yo no quiere decir nada. Ya ve, Yebes en Granadilla
nos vio a él y a mí. Bueno, pues en el
«ABC» sólo me mentó a mí. Y no es que
yo vaya a pensar que soy por eso mejor tirador que él. No. La caza es eso. Y hoy yo
y mañana tú. Prácticamente yo no he tirado hoy en tres batidas. De punta y cargando aire, no se puede pensar en matar. Usted lo ha visto, y si le pone un promedio de
ocho perdices por batida pues ya estoy a
su altura. Y no hay más. O me quita usted

de al lado a Pepito Vega y Floro Gilsanz
que se apuntaban las mías y son una pila
de perdices más. Florito Gilsanz ya sabe
usted quién es, ese grueso de las alparga-
tas. Bueno, pues este muchaho no pega or-
dinariamente un baúl y hoy, ya lo ha visto
usted, veinte perdices. Casi las mías. El bueno de Florito... Es pena que usted tenga
que marchar mañana. De Florito Gilsanz
podríamos hablar toda una noche. Es un
tipo. Tiene una dehesa, El Chorlito, de la
parte de la Sierra, que es la más bonita de
Extremadura. Me gustaría que asistiera
usted a esa batida. Alfonso XIII corrió los
jabalíes una vez, allí, de noche. Eran unas
cazatas aquellas como para romperse la
crisma. Pero le decía de Florito.. Florito
Gilsanz metido en juerga es lo más salado
que usted puede imaginar. Oye, Julia, Florito, digo. Para que usted se dé cuenta, Florito una vez caldeado rompe los frascos
del whisky y se pasea descalzo sobre los
cascotes como si tal cosa. Es como un fa-
quir. Ni sangra, ni se araña, ni nada. Este
muchacho podría muy bien ganarse la vida
en el circo. Un buen tipo, Florito. Lástima
que esté completamente loco. Es de los
que andan siempre con las pastillas y eso.
El bueno de Florito Gilsanz. Bueno, ya no
sé a dónde íbamos a parar. ¿Qué es lo que
yo iba a decir, Julia? ¡Ah!, bueno, eso, Florito Gilsanz es un excelente muchacho,

como le digo, pero de caza, cero. El va al
campo a comer y a beber y a reír un rato
con los amigos. Lo demás le importa un
rábano. Bueno, pues hoy, usted lo vio, veinte perdices. Más o menos, las mías. ¿Qué
quiere decir eso? Sencillamente que Florito tuvo el santo de cara y yo le tuve de
espaldas. Pero váyale usted a Juanito Osuna con estas historias. « ¡Cuarenta y siete
perdices contra veintitrés, Paquito! » Usted
le oyó. Como un energúmeno. Oye, Julia,
que no es que lo diga yo pero me gustaría
que hubieras visto a Juanito, como un
loco, a voces, por las calles. Eso mismo, su
histeria, le demuestra a usted que no está
acostumbrado a esta ventaja. Lo que siento es que se marche usted sin ver la otra
cara de la luna. Me gustaría que viese a
Juanito Osuna en barrena. Pero por otra
parte este pique no conduce a nada. A mí
me trae sin cuidado una perdiz más o una
perdiz menos, ya lo sabe usted. Pero él...
Julia, ¿cómo es Juanito para esto de la
caza? ¡Díselo, anda! Y figúrese usted si
hay cosas importantes en la vida. Bueno,
pues no; para Juanito Osuna, la caza lo
primero. Y todo el día de Dios incordian-
do y liando. La de hoy ha sido buena, pero
me gustaría que le hubiera visto el día de
las pitorras, en la Sierra. ¡Dios del cielo!
Y no se piense usted que con hoy se acabe.
Hasta la próxima batida tendremos mur-

ga. ¡Y no quiero decirle si en la próxima
tengo la suerte de hoy y Juanito vuelve a
quedar por delante! Espero que Dios no lo
permita. Julia, le digo a este señor, que
qué sería de mí si en la próxima batida
vuelvo a tener el santo de espaldas. Eso
sería horrible. ¿Miraba usted a la niña?
Sí, a la que pone la mesa, digo. Le parece
una mujer, ¿verdad? Pues, catorce años.
Aquí las muchachas son así. Es la hija del
pastor que anda en el chozo. Buena persona pero un animal de bellota. Anastasio,
digo, Julia, ¿eh? Un tipo serio, previsor,
pero le escarba usted un poco... y loco de
remate. ¿Qué dirá que hace con la lana de
sus ovejas? ¿Eh, Julia? La lana de sus ovejas, digo. ¡La guarda! ¿Y sabe usted para
qué? Para hacer el colchón de las muchachas el día que se casen. Esa, la niña, es la
mayor. ¡Hágase cargo! Las otras van detrás y tiene cuatro. Aquí la gente es así. Julia se empeña en dialogar con ellos, pero
es mejor dejarles. Y le prevengo que Juanito Osuna si en vez de nacer donde ha
nacido nace en otro medio hubiera sido lo
mismo, como éstos. ¡Igual! Ya le ha visto
usted hoy con las perdices. Volvemos a Juanito, Julia. ¿Cenar? Cuando quieras. Vamos a cenar si a usted no le importa. Esta-
rá usted cansado, claro. No estando acostumbrado, el campo aplana. Pase, pase.
Pues del bueno de Juanito Osuna le estaría

hablando una vida y no acabaría. Y amigo lo es de los de verdad, eso que conste. A Juanito le dicen en París que uno anda en Madrid en un aprieto y se agarra el primer avión aunque tenga que amenazar al piloto. ¿Eh, Julia? Juanito, digo. Siente, siéntese. Juanito Osuna defectos aparte, y todos tenemos defectos, es un tipo estupendo; lástima que esté completamente loco.

El viejo insistió formulariamente ante el micrófono:

—Alló La Habana, CO2 Colombia-América... CO2 Colombia-América. Vamos a ver La Habana. Llama EA1 Barcelona-Marruecos de Valladolid, con mensaje. Alló La Habana.

Con mano trémula desconectó el emisor, pulsó el interruptor del «micro» y, por último, accionó pacientemente los mandos del receptor. Recorría la banda de los 20, donde de ordinario salía la meliflua voz de doña Jacobita, pero en vano. El viejo pensó: «No debe haber propagación». No quería ponerse nervioso. En año y medio era esta la primera vez que salía al éter

y no encontraba inmediatamente a doña
Jacobita. De nuevo conectó el micrófono,
encendió el emisor y llamó. Llamó con una
voz levemente empañada, con un cálido
apremio: «Aquí Valladolid... Llama Valladolid con mensaje. Valladolid llama a
La Habana. CO_2 Colombia-América. ¡Alló,
alló! Aquí EA1 Barcelona-Marruecos. Cambio.»

La banda de los 20 se mostraba obstinadamente hermética esta mañana. Su mu-
dez le desconcertaba. Entonces recurrió a
Lisboa. Oyó la voz levemente pastosa de
don Antonio, CT1 Porto-Brasil:

—Aquí CT1 Porto-Brasil. ¡Atención,
atención Valladolid! EA1 Barcelona-Marruecos. Llamo a La Habana... Llamo a La
Habana. Por favor, YV-4 BJ, deje el canal libre. Deje el canal libre, YV-4 BJ.

El viejo comenzó a sentirse arropado.
Buscó otra vez en la banda de los 20, lenta,
minuciosamente. A cada instante esperaba
oír saltar la cantarina voz de doña Jacobita diciéndole como cada mañana:

—«Acá estoy, don Hernando. ¿Cómo ha
descansado usted? ¿Qué tal su pierna?
Aquí tenemos una linda mañana; una ma-
ñanita llena de sol que invita a dar un paseo.» Pero esta mañana no saltaba su voz
y salió, en cambio, la de YV-4 CA, ronca y
contundente:

—Alló Valladolid. EA1 Barcelona-Ma-

rruecos... EA1 Barcelona-Marruecos. Hay
excelente propagación. No me explico cómo
La Habana, CO2 Colombia-América no sale.
Aquí Caracas, YV-4 CA llamando a Valladolid EA1 Barcelona-Marruecos

Don Hernando, el viejo, manipuló los
mandos y respondió. Le temblaba la voz
al encarecer a YV-4 CA que llamara a CO2
Colombia-América de su parte con insistencia. En año y medio era la primera vez
que le sucedía una cosa así. Cuando le ju-
bilaron en el Instituto pensó marchar a Burgos con su hermana Flora porque temía la
soledad. Pero luego se dio cuenta de que
no estaba solo. La pequeña emisora ponía
el mundo en su mano. Además no le for-
zaba a afrontar físicamente el diálogo. El
viejo siempre rehuyó la compañía. Adole-
cía de una timidez enfermiza que le impe-
día soportar los ojos de un interlocutor.
Su vida discurrió así entre las clases del
Instituto y sus espaciados viajes a Burgos,
durante las vacaciones. A veces venía Florita, su sobrina, y en esos casos don Hernando colocaba sobre el modulador un
cartoncito con una calavera pintada en
rojo y una leyenda debajo que decía: «No
tocar, peligro de muerte.» La niña, al principio, se negaba a entrar en la habitación
porque la imponía la calavera, pero con
los años se habituó y la agradaba interve-

nir en las conversaciones de los radioafi-
cionados.

Y decía HK-4, de Bogotá: «Un besito
para la nena Florita.» Y Florita respondía:
«Muchos besos y abrazos para don Oswal-
do.» Y decía EA-7 AD, de Sevilla: « ¡Hola,
Florita!, pequeña, ¿dónde has estado me-
tida tanto tiempo que no pude oír tu linda
voz?» Y don Hernando conectaba el emisor, sonriente, y acercaba el micrófono a
los labios de la niña, y la niña decía: «Estuve en Burgos, en el colegio. Muchos besitos, don Augusto.» Y todos tenían una
frase cariñosa para Florita, y el viejo le
decía a su hermana Flora: «¿Has visto
cosa más salada?» Y pensaba que el mundo era bueno y solidario y sentía en la me-
dula de los huesos una vivificante calidez.

Y una mañana, con Florita sentada en
sus rodillas, recogió la primera llamada de
La Habana, CO_2 Colombia-América, pi-
diendo comunicación con un radioaficio-
nado de Castilla la Vieja. Era una voz dul-
ce, suavemente nostálgica, que le recordó
al viejo la de Ernestina Vázquez. Hacía
«eses» de las «ces» y ponía en la llamada
un acento casi confidencial. Pese a los años
transcurridos el viejo no había olvidado
aún a Ernestina Vázquez y cuando respondió a La Habana le pareció que hablaba
con Ernestina Vázquez y se sintió turbado.

Pero hablaron y hablaron y, tácitamente, dejó convenido con CO2 Colombia-América una comunicación diaria.

En principio conversaban del tiempo, y de la propagación, y de La Habana, y de Castilla. Pero el viejo se habituó a su voz y por las mañanas se despertaba pensando en doña Jacobita y en la meliflua voz de doña Jacobita. Y un día doña Jacobita le dijo que era viuda reciente y luego, sin más, dijo: «Cambio» y don Hernando se encontró ante el «micro» sin saber qué decir y, finalmente, dijo que la niebla se cernía sobre el Pisuerga y había una deficiente propagación. Poco a poco se fue enterando de que doña Jacobita era de León y había emigrado a Cuba al casarse con un cubano hacía más de cuarenta años. Más adelante le preguntó desde cuándo hacía «eses» de las «ces» y ella le dijo melodiosamente que su pronunciación no era deliberada e ignoraba, por tanto, el momento en que se produjo el cambio. El viejo dijo, entonces, que la cosa no tenía mayor importancia, pero que le agradaba que hiciera «eses» de las «ces» porque imprimía a su voz unas modulaciones sedantes. Doña Jacobita, a su vez, le informó que él tenía la voz seca y clara de los castellanos y que oírle comportaba para ella una alegría muy grande porque la remontaba a su juventud. Apenas una semana después le ha-

bló él de su pierna y ella le dijo lo de sus
cólicos y ahora, cada mañana, antes de entrar en conversación, se preguntaban uno
y otra por sus dolencias respectivas. El la
participó la triste situación del jubilado
en el país y ella le dijo que los cortos in-
gresos de su viudedad y su hija casada en
Santiago la impedían regresar a España
como hubiera sido su deseo.

La voz de doña Jacobita fue haciéndose-
le al viejo tan imprescindible como el aire
que respiraba. Su hermana le escribía, desde Burgos: «¿Te encuentras mal o es que
ya no quieres nada con nosotras?» Y un
día se presentaron de improviso su hermana y la niña, y el viejo le dijo a la pequeña: «Vas a hablar con doña Jacobita y
vas a mandarle muchos, muchos besos de
la sobrinita de don Hernando, ¿entiendes?»
La pequeña observaba el modulador y le
dijo: «¿Dónde pusiste la calavera, tío?»
Dijo él, mientras conectaba: «No lo olvides, Florita; debes decir: 'Doña Jacobita,
le envía muchos, muchos besitos la sobrinita de don Hernando, desde Valladolid'».
Y cuando la niña lo dijo, y él dijo: «Cambio», y doña Jacobita dijo: «Muchos abra-
sos, criatura, bonita mía», don Hernando
tuvo que echarse una mano al corazón porque le parecía que se le escapaba del pecho.

La víspera, doña Jacobita se había que-

jado de dolores en el costado y él la acon-
sejó que se cuidara, y que no se levantara,
y que ya hablarían otro día, pero ella dijo
que «la emperesaba interrumpir su diálogo de año y medio y que saldría a la horita
de siempre, no más». Pero ahora no salía
y el viejo, paulatinamente, iba perdiendo
su integridad y se decía: «La conozco.
Mientras no se muera no dejará de salir
al éter.» Y llamaba y decía, cada vez con
tono más apremiante: « ¡Alló, alló, La Habana...! CO2 Colombia-América, de La Habana, comuníquelo sin demora a EA1 Barcelona-Marruecos, de Valladolid... Es muy
importante. Muy importante. Cambio.»
  Recorrió la banda de los 20. Del otro
lado del mar le llegaban muy claras las voces de YV-4CA, de Caracas, y de HK-4 y
HK-2, de Bogotá, y de CO8-AC, de Santiago de Cuba y decían: «CO2 Colombia-América no responde esta mañana... CO2 Colombia-América no responde esta mañana... No sabemos qué puede ocurrir... Don
Hernando, seguimos insistiendo... Le co-
municaremos cualquier novedad. Cambio.»
Y don Hernando, el viejo, daba las gracias
y a medida que comprobaba aquella prieta
solidaridad a su alrededor, su voz se iba
ablandando, como si se entregara. Y oyó,
a poco a EA1 Galicia-Margarita, que le decía desde Orense: «Don Hernando, llevo

más de una hora llamando a doña Jacobita... A esta mujer han debido narcotizarla,
si no, no me explico.» Y, luego, a HK-9, de
Colombia, que le informaba de que todas
las emisoras de la América Atlántica lla-
maban a CO2 Colombia-América sin resul-
tado. Y cuando, finalmente, captó la CO6-
HR, de La Habana, que decía con voz exal-
tada: «Atención, atención, YV-4CA, de Caracas, HK-4 y HK-2, de Bogotá, y todas
las emisoras que llaman a CO2 Colombia-
América... ¡Atención, atención, repito! La
CO2 Colombia-América no puede contestar. ¡No puede contestar! Doña Jacobita
falleció a medianoche... Repito para EA1
Barcelona - Marruecos... Doña Jacobita,
CO2 Colombia-América, no puede contestar. Falleció a medianoche.»

El viejo no se alteró porque lo había
presentido y cambió de banda mecánicamente. EA5 Algeciras-Mediterráneo voceaba aquí: «¿Oyó, don Hernando? Atención
EA1 Barcelona-Marruecos. Don Hernando,
CO2-HR, de La Habana, comunica que doña Jacobita falleció a medianoche... Repito...» Giró el botón: « ¡Atención, don Hernando...! ¡Atención, atención! La CO2...»

El patio de vecindad era esta mañana
un clamor. El viejo oprimió el interruptor
y, de pronto, el mundo entero salió de la
habitación y penetró en ella el silencio.
Aquel mecanismo de hierros y bombillas,

de hilos y palancas, quedó súbitamente rígido y mudo. Don Hernando se incorporó, colocó el cobertor y puso encima el cartoncillo con la calavera que decía: «No tocar. Peligro de muerte.» Sus manipulaciones eran minuciosas y caritativas como si amortajara a alguien.

Estaba el sol en su cenit, blanco como de plata derretida, y las mujeres bajo él, barrían la carretera con los escobones de brezo, envueltas en una nube de polvo. La Aguedita, con las sayas hasta los pies, ocultaba su cara bajo un pañolón grisiento y entre éste y el que la cubría la cabeza, apenas se divisaban sus negros ojos impasibles, las pestañas blanqueadas de polvo, la esclerótica enrojecida. Sentía en las palmas de las manos el escozor de las ampollas, pero barría con firmeza, pues Carmelo, el capataz, no era partidario de que las mujeres trabajasen en Obras Públicas y aprovechaba el menor desfallecimiento para echárselo en cara. Y ella, la Aguedita, no

quería dar que hablar ni perder aquel in-
greso, aunque tampoco quería que su cara
trascendiese el día de la fiesta que había
andado azacaneando bajo un sol de fuego
como un bracero ignorante. Y ella barría
y barría y el pegajoso polvillo se introdu-
cía bajo el pañuelo grisiento y formaba
una atmósfera densa que la agarrotaba la
garganta y la resecaba la nariz, como un
fuego, al respirar. Pero ella barría y barría
acompasando sus movimientos, de una
manera automática, a la apisonadora quinientos metros carretera arriba. Detrás de
ella quedaba la fundidora del alquitrán, la
«chocolatera», atendida por los hombres,
y la «chocolatera» era como otro pequeño
sol, más negro y más chico, pero más próximo, y los hombres repartían con las bru-
zas el alquitrán líquido por toda la superficie del camino, en tanto otros hombres,
silenciosos y tenaces, cubrían con grava la
negra superficie brillante. Y al aproximar-
se los coches, iban paulatinamente dismi-
nuyendo la velocidad porque a cosa de un
kilómetro se había fijado una señal que
decía: «60 kilómetros, velocidad máxima»,
y quinientos metros más cerca, otra señal
decía: «40 kilómetros V. M.», y a cosa de
cien metros de donde la Aguedita barría con
brío, una tercera cartela decía: «20 kilómetros V. M.». De ahí que los automóviles
desfilaran a paso de entierro por donde

ella estaba y, al hollar la grava, los neumá-
ticos producían un rumor como un siseo
prolongado.

Y ella observaba por la hendidura, entre los dos pañuelos, el gesto fatigado de
los conductores, la nariz contraída por el
polvo y el hedor del alquitrán. Algunos
miraban curiosamente su rostro cubierto
por el pañuelo, pero otros, los más, ten-
dían los ojos furtivamente camino arriba,
atenazados por una difusa incomodidad.
Y una vez salvado el tramo más descar-
nado, los automóviles volvían a acelerar
y aquellos hombres en camisa de verano y
aquellas frágiles mujeres con sus chillones
vestidos sin mangas, se perdían hacia el
norte a una velocidad cada vez más viva.

—Esas van al mar. ¡Qué suerte tienen algunas! —decía la Zósima a su lado, sin
mover apenas los labios agrietados, sin cesar de barrer.

La Aguedita no respondía. Movía afano-
samente su escobón de brezo porque Carmelo, el capataz, no la quitaba ojo y si
acaso la veía hablar la regañaba, lo que no
obstaba para que, llegado el sábado, se
aproximase a ella y la dijese:

—Chavala, mañana te aguardo para ir al
baile. ¿Qué te parece?

Y ella denegaba porque en casa la espe-
raban nuevos quehaceres y, luego, había
de prepararse el traje para la fiesta.

Otros años, por estas fechas, la Aguedita
andaba en el campo espigando, y aunque
el trabajo era más duro para los riñones,
las manos lo soportaban mejor. En todo
caso también para aquella tarea la Aguedita se cubría la cara con el pañuelo grisiento porque no podía soportar que, llegada
la fiesta, los mozos adivinasen que había
andado en el campo, bajo un sol incle-
mente:

—Eso no es ninguna deshonra, hija —la
decía la Marifé, su cuñada; pero ella, cuando soltera, también se anudaba un pañuelo
a la cara para espigar, lo que ocurría es que
las mujeres del pueblo, una vez que tenían
su hombre, se abandonaban.

Pero este año fue un castigo y el agua no
cesó de caer durante el otoño y el invierno
y no se pudo sembrar. Y cuando, al fin, el
arado pudo entrar en las tierras bajas, ya
era febrero y los expertos dijeron: «Es preciso sembrar trigos de ciclo corto.» Y el Servicio facilitó la semilla, pero una vez sem-
brado, se levantó el sol sobre los campos
y para abril el cereal secó sin granar ni en-
cañar, y para no perderlo del todo, las gentes del pueblo metieron el ganado en las
tierras para que pastase. Era la miseria, y
para mitigar el problema, la Diputación
dijo: «Votaremos un crédito extraordinario
para reparar la carretera y resolver el paro.»
Por eso la Aguedita andaba ahora allí, pero

no se atrevía a hablar por si Carmelo, el
capataz, la andaba espiando y apenas osa-
ba mirar de reojo los automóviles que des-
filaban hacia el mar a paso de entierro con
las mujeres descotadas y los hombres en
mangas de camisa, con gesto fatigado, las
aletillas de la nariz dilatadas a causa del
hedor del alquitrán. Y los ojos de Aguedita
se iban tras de los coches rojos, negros,
amarillos y azules, los níqueles brillantes
bajo el sol de fuego, los mapas entreabier-
tos desordenadamente en el asiento pos-
terior.

Y la mujer menos joven le dijo a la mujer más joven:

—Ague, ¿viste ese adefesio?

Y la mujer más joven le dijo a la mujer
menos joven:

—Somos moros. No lo podemos negar.

Y dijo la mujer menos joven mientras
metía la segunda velocidad:

—¿Por qué se pondrán esas trazas?

Y la mujer más joven dijo:

—Será por el alquitrán. Doro dice que el
alquitrán es carcerígeno.

— ¡Ah! —dijo la mujer menos joven y
una vez que rebasó la apisonadora metió
la tercera velocidad.

Luego, en el mar, la mujer más joven se
tendió voluptuosamente al sol, como un la-
garto, y permaneció dos horas bajo su ca-
ricia implacable, y, de vez en cuando, se

embadurnaba con aquella crema blanca la
piel más afectada por la irradiación. Al cabo,
se volvió de espaldas y continuó inmóvil,
sobre las rubias arenas calcinadas, sintien-
do sobre sí los rayos del sol como un baño
de plomo derretido. Finalmente se sentó
con su cuñada, bajo el toldo, y Marí Fe la
dijo:

—Ague, no deberías abusar. Es tu primer
sol.

Y Ague dijo:

—No estoy dispuesta a que me ocurra lo
del año pasado, ¿sabes?

Y Mari Fe, su cuñada, la dijo:

—¿Qué te ocurrió el año pasado?

Y Ague dijo:

—Me sorprendió el «party» de los Gil de
Veguía toda cruda, blanca como una ofici-
nista; un asquito.

Permaneció unos minutos bajo el toldo y
después volvió a tenderse al sol, un sol vo-
raz y avasallador que parecía inflamar cuanto tocaba. Pasó la Luisa, la Quisquillera, con
su cesta de mimbre a la cabeza:

—Quisquillas, señorita. ¿Las pongo un
durito?

Mari Fe asintió y Luisa, la Quisquillera,
se arrodilló en la arena y colmó la medida
de quisquillas. Furtivamente observó a
Ague tendida, inmóvil, bajo el agresivo sol
de julio, y la dijo a Mari Fe señalándola
maliciosamente con la cabeza:

—Hasta que no se ponga negra como una mora no para.

Mari Fe sonrió mientras sacudía la arena de su portamonedas.

Una moneda tintineó en el suelo cuando la Aguedita se disponía a abonar la entrada, pero Carmelo, el capataz, la recogió y apartó a la muchacha suavemente de la taquilla:

—Invito yo, chavala. Un día es un día —dijo.

La Aguedita dijo:

—¿A santo de qué?

Carmelo, el capataz, dentro de su camisa blanquísima, parecía otro hombre:

—A nadie tengo que dar explicaciones de lo que hago con mi dinero. ¿Te he pedido prestado a ti? —dijo.

— No —dijo la chica un poco turbada.

—Pues entonces.

Más tarde, cuando bailaba con la muchacha, le susurró al oído:

—Chavala, no hay carnes como las tuyas en toda la fiesta. Pareces talmente una señorita de ciudad.

La Aguedita se rio sofocadamente:

—No se guasee —dijo.

—Anda —dijo él—. ¿Por qué lo había de decir si no fuera cierto?

En el rincón, la Marifé se abanicaba sin pausa. La Zósima se llegó a ella dando empellones y la dijo con expresión maravillada:

—¿Has visto qué carnes más ricas tiene la Aguedita?

—Ya —dijo la Marifé.

—¡Jesús!, si está blanca como la leche. Cualquiera diría que anda en la carretera.

—Ya —repitió Marifé.

Carmelo, el capataz, no sentía el suelo bajo sus pies y al concluir la pieza dijo sin soltar la cintura de la chica:

—Te invito a una limonada.

Ague bebió estudiadamente, pero sin gana. Era el segundo whisky de la noche y si lo bebía era para ponerse a tono. Car se inclinó sobre su escote y dijo:

—Tienes una piel que parece bronce.

Ague dijo:

—Menos bromas.

Dijo Car:

—Te lo juro. No hay actualmente en todo San Sebas un bronceado como el tuyo.

Ague levantó los hombros desnudos:

—Pues no sé de qué será —dijo.

Dijo Car:

—¿Quieres que bailemos?

Y antes de que ella aceptara ya la había enlazado por la cintura, y, agachando la cabeza, la decía suavemente al oído:

—Ague, tú sabes de sobra que a mí el tamaño o el color de los ojos me trae completamente sin cuidado.

—Ya —dijo ella.

—A mí lo único que de verdad me impor-

ta en una chica es la calidad de su carne.
Ya sé que es una manía, pero no lo puedo
remediar.

Ague levantó la cabeza de golpe, se echó
a reír y le miró fijamente a los ojos:

—¿La mía es de buena calidad?

El la estrechó suavemente:

—Pareces una segadora de Castilla —dijo.

Mari Fe bebía pacíficamente su whisky
junto al tocadiscos. Marizosi Gil de Veguía
se la acercó de puntillas por detrás y la
tapó los ojos con las manos. Dijo Mari Fe
lánguidamente:

—Quita, Mari, mona. En mi estado no es
bueno que me deis esos sustos.

Marizosi Gil de Veguía retiró las manos
y rompió a reír estrepitosamente. Luego se
sentó en la alfombra, a los pies de Mari Fe
y dijo en un cuchicheo:

—Sólo quiero que me digas un secreto:
¿Puede saberse qué hace tu cuñada Ague
para tener esa espalda y esas piernas? El
dorado de los hombros es sencillamente
genial.

Le había costado decidirse, y ella pensó: «Para el buen tiempo», y así, cuando la nieve fundió y los árboles se apretaron de bulbos y yemas, bajo el primer sol primaveral, ella se hospitalizó. Ahora se encontraba en la cama de la clínica como en su propia cama. La clínica era amplia, limpia y confortablemente calefactada y Mauricio tenía razón cuando decía que los pobres, si querían calor, habían de dejarse rajar de arriba abajo. Permanecer enteros y tener calor y un vaso de leche a media tarde era muy difícil armonizarlo.

Las enfermas se hallaban distribuidas de tres en tres, y Aúrea ocupaba el centro de una pieza de dieciséis metros cuadrados. A su derecha, junto a la ventana, había una

115

mujer de edad que no hacía sino lamentarse y escupir fuera de la escupidera. En el
rincón había un rebujo de ropas que latía,
un rebujo hermético e impenetrable. Aúrea
sabía que el rebujo no estaba muerto, porque de cuando en cuando le sentía respirar.
Respiraba entrecortadamente, como si entre cada dos inspiraciones algo le mortifi-
case o le fallase. Pensó en el niño y luego
en Pepe, y de nuevo otra vez en el niño y
la mujer de junto a la ventana dijo: «Ay
madre», y escupió ruidosamente.

La persiana se hallaba entornada y en la
habitación, blanca, había una luz difusa, un
resplandor irreal que parecía irradiar de la
superficie de los muebles. Pensaba de nuevo en Pepe cuando casualmente entró Pepe
y Aúrea experimentó un leve azoramiento,
como si Pepe penetrase en un lugar que le
estaba vedado. En veinticuatro horas Aúrea
no había visto allí más hombre que al doctor. Pepe se había puesto el traje listado,
y al decir oscuramente: «Buenas», se quedó inmóvil entre su cama y la del rincón,
dando vueltas a la boina, sin saber qué de-
terminación tomar. Ella le censuró con voz
alterada:

—No debiste venir, Pepe.

—Si no vengo hoy, hasta el domingo, date
cuenta. Me acordaba de ti.

—Bueno, siéntate.

Pepe arrastró una silla ortopédica junto

a la cama y se sentó en una esquina, sin
decidirse a descargar el peso de su cuerpo
sobre el respaldo. No sabía qué hacer con
la boina y a falta de cosa mejor, continuó
girándola entre los dedos. Dijo azorado,
por romper la tensión:

—Está la calle de turistas ¡buf! No se
puede dar un paso.

La mujer de junto a la ventana se quejó
y Pepe bajó la voz y arrimó un poco más
la silla a la cama de Aúrea:

—¿Qué te dijo el doctor?

—Van a vaciarme, ¿sabes? El doctor dijo
que todo está malo ahí dentro. Ayer me sa-
caron la sangre y se llevaron la orina. Van
a vaciarme. Dice que está todo podrido y
que en un caso así es peor andarse por las
ramas.

—Ya. ¿Tienes miedo?

—No.

Aúrea no se habituaba a la presencia de
Pepe allí.

—No debiste venir, Pepe —dijo. Con mayor razón siendo el día que es.

—¿Y qué iba a hacer yo por la calle todo
el día de Dios como un zascandil, di?

—¡Qué sé yo! Andar.

—¡Bonito plan! ¡Andar! Ya estoy cansado de andar, para que lo sepas. Hoy no
paré hasta las cuatro. Me gustaría que vie-
ses la calle Mayor. ¡Cómo una patena la
hemos dejado!

La mujer de junto a la ventana se volvió a ellos:

—¿Sabe usted, por casualidad, a qué hora sale la procesión?

—A las seis —respondió Pepe, y con su respuesta se sintió más aplomado, como si hubiera adquirido algún derecho. Sin embargo, el silencio persistente de las dos camas le cohibía.

Dijo la mujer:

—Este demonio de sonda me está matando. ¿Qué hora tiene, por favor?

Pepe extrajo del bolsillo de la americana un enorme despertador. Su tictac en la salita era una acompasada estridencia.

—Las... menos diez —dijo.

—¡Vaya! —dijo la mujer.

Pepe colocó el despertador sobre la mesilla de noche de Aúrea.

—Te he traído esto...

—Gracias —dijo Aúrea.

Hablaban en un susurro, mas el rebujo del rincón se impacientó, y de entre las mantas surgió una voz despiadada:

—Si vino usted a hablar de mí y de lo que no le importa, más valiera que se largase.

Pepe y Aúrea cruzaron sus miradas incómodas. De nuevo, Pepe se sentía sobrar. Aúrea hizo un esfuerzo para vencer la vergüenza, el miedo y la desconfianza de él:

—¿Y el niño? ¿Dónde lo dejaste?

—Con el Mauricio, como quedamos. Va a llevarle a la procesión.

—¿No cogerá frío?

—Está un tiempo hermoso...

—Pero ya sabes que al caer la tarde sale el relente.

—Le dije al Mauricio que llevase el abrigo al brazo.

—Bueno.

Se abrió un silencio. De junto a la ventana se alzó un quejido desgarrado. Luego, la voz se serenó.

—¿Cree usted que saldrá en punto?

—¿Cuál?

—¿Cuál? ¡Qué preguntas! La procesión: —dijo Aúrea.

—A ver. Siempre sale en punto, ¿no?

—Si dijese que nunca sale en punto, acertaría —dijo la mujer.

—No sé —titubeó Pepe—. Los civiles ya estaban formados. Y el paso del Huerto; y el Reventón, que es el que más guerra da. Digo yo que si saldrá en punto este año.

—¡Bendito sea Dios! —suspiró la mujer—: ¡Esta maldita sonda acabará conmigo!

De la cama del rincón surgió un quejido de impaciencia:

—No debiste venir, Pepe; no debiste hacerlo —dijo Aúrea.

—¡Calla, no vocees! Ya sabes que por la calle ando todo el día de Dios y en la taberna no me encuentro. ¿Dónde iba a ir que más valga?

—¿Te pagaron lo de la sal?

—Todavía no.

—Vamos, que también hace falta cuajo. ¿Lo has reclamado?

—No; dicen que para fin de mes.

—¿Y el sábado, no?

—No.

—¿Crees tú que hay derecho a que uno cobre su trabajo al cabo de veinte días?

—Paciencia, mujer.

—Oye, Pepe...

—¿Qué?

—Digo yo que ¿por qué la sal deshace la nieve, si también es blanca?

—La quema.

—¿Quema la nieve la sal?

—A ver, la cuece.

De la calle ascendió un rumor uniforme. Al cabo, sobre la uniformidad del rumor se alzó un pitido estridente. La mujer de la sonda se volvió a ellos:

—¡Ya sale! —dijo triunfalmente.

Luego veló la voz, como si hablase con la almohada:

—¡Jesusito, cúrame! ¡Yo no puedo aguantar más tiempo este demonio de sonda!

Crujió el picaporte y entró sor Juana. Tan desmedidamente corpulenta y con el hábito blanco, semejaba una aparición. Pepe se incorporó a medias. No sabía a ciencia cierta si una monja era como una mujer.

—¡Siéntese! —dijo la monja con tal imperio que Pepe se desplomó sobre la silla ortopédica—. ¿Quién trajo esto aquí?

—Es sólo un reloj —dijo Pepe tímidamente.

—Ya lo veo que es un reloj. ¿Lo trajo usted?

—Sí, pero...

—No hace falta.

Aúrea compuso una sonrisa. Un reloj a su vera la animaba. Era como una cálida compañía entre las frías sillas ortopédicas y las escupideras.

—Hermana, por la noche me gusta ver la hora. No molesta y me acompaña. Yo siempre ando con la hora a vueltas. ¿No es cierto, Pepe?

—No hace falta... —insistió sor Juana y Pepe, subrepticiamente, recogió el despertador y lo ocultó en el bolsillo de la americana—. La procesión acaba de salir. Pídale cada cual al Señor lo que más necesite. Si precisan de mí, avisen con el timbre. Estoy en el balcón de la Conserjería.

Salió, dejando tras sí una estela indefinible.

Aúrea se acaloró:

—No debiste venir, Pepe. Después de todo, nos habíamos visto ayer.

—¿Qué quieres que yo le haga? Lo que hace falta ahora es que te pongas buena y vuelvas a casa.

Aúrea tenía los dientes del maxilar superior muy espaciados. Si se irritaba, sus palabras silbaban en los intersticios:

—Tenemos para rato —silbó.

—¿Por qué dices eso?

—El doctor dijo que había que engordarme antes de rajar —rió—. Ya ves, lo mismo que al chon.

—¿Dijo así el doctor?

—Digo yo que sabrá por qué lo dice. ¡Ay, Pepe, si estoy tan delgada como una anguila! Cada día que pasa me vuelvo más flaca. ¡Qué sé yo dónde voy a ir a parar...!

—Bueno, mujer, ya te engordarás. No te preocupes.

La voz de junto a la ventana les asustó:

—¡Cristo bendito, yo no puedo con esta sonda! —su tono remitió de súbito: Ya están las cornetas en la calle la Dobla dijo.

El rebujo del rincón exclamó:

—¿Es que las cornetas la van a quitar a usted la sonda?

De nuevo, Pepe, tuvo constancia de que sobraba. Aúrea acudió solícita:

—Pepe...

—¿Qué?

—¿Crees tú que no se resfriará la criatura?

—Le dije al Mauricio que llevara el abrigo al brazo; lo habrá llevado, digo yo.

—Oye…

—¿Qué?

—¿Le dijiste al niño…?

—Ya lo sabía. Le dije que pida a la Virgen de los Cuchillos que te cure.

—Bueno.

—Oye…

—¿Qué?

—Si te vacían, ya no tendremos más hijos, digo yo.

Aúrea rompió a llorar contra la almohada. Fue una crisis pasajera y repentina. Pepe había pensado que la cosa podía alegrarla:

—Mujer, no te lo tomes así —dijo.

—No me hagas caso, Pepe —se limpió las lágrimas—. ¿Piensas volver el domingo?

—A ver.

—¿No te importa hacerme un encargo?

—Claro que no.

—Mira, en la cómoda, abres el cajón de arriba, al fondo, a mano derecha, según miras, sacas la enagua azul y me la traes.

—¿No dirá nada la monja?

—Oye, ¿qué tiempo le echas tú a sor Juana?

—Por la estatura, ¡que sé yo!

—El domingo cumplió los veintitrés, ya ves.

—¡Madre, cualquiera lo diría! ¡Parece un varal!

Al pie de la ventana repiquetearon los cascos de los caballos.

—Ve ahí están —dijo la mujer de junto a la ventana—. ¡Cristo del Huerto, sáname! ... ¡Por tu pasión bendita, quítame esta maldita sonda, Jesús de la Agonía!

Pepe, desconcertado, se incorporó:

—¿Quieren que dé la luz?

—¡ ¡No! !

Pepe miró al bulto del rincón y sintió que las piernas le flaqueaban. Se sentó de nuevo y depositó la boina a los pies de la cama de Aúrea.

—¿Te molesta?

—Ni la siento. ¿Sabes qué estoy pensando, Pepe? No debiste venir, y más siendo el día que es...

A través de la persiana, la luz de los hachones ponía sombras por todas partes. La mujer del rincón escupió. Por el ruido supo Aúrea que tampoco esta vez había dado en el blanco. A Aúrea le gustaba ahora quedarse inmóvil y sentir discurrir su sangre por los pulsos de las muñecas. Y aunque dijera otra cosa, le agradaba ver al Pepe, allí a su lado, y no pensaba que en la alta noche echaría en falta el despertador. Dijo el Pepe:

—Si vieras, Aúrea, cómo he dejado la calle Mayor... ¡Como una patena!

—¡Chist! No vocees.

El Pepe bajó la voz:

—El alcalde nos felicitó por lo de la sal.

—Pero no paga.

—Ya pagará. Todos dicen que a fin de mes. ¿Has visto la vuelta que ha dado el tiempo? Ya se conoce.

La acre censura del bulto del rincón le paralizó:

—¿Es que piensa pasarse la noche hablando de una? No es un secreto que me hayan quitado una piedra; pero me han dejado entera, y no como a otras. Todavía soy mujer.

Aúrea pensaba: «No debió venir hoy. Si se hubiera quedado con el niño, yo estaría más tranquila. Por la noche refresca y el Pepe no se da cuenta. El Mauricio tampoco se dará cuenta y no le pondrá el abrigo.» Volvió ligeramente su rostro hacia la ventana.

—Esta es la banda de cornetas del P. Ferrán —dijo la mujer—. Sale con la Magdalena. Ahí va un nieto mío. Mi hijo decía que no debía ir, porque de chico él se metió en la procesión y al verse entre el gentío se ahogaba. Es un muchacho raro mi hijo. En los teatros y las iglesias, sobre todo en la catedral, también dice que se ahoga. Le han dispensado de oír misa y todo. Tiene eso que se llama... ¿Sabe usted, por casualidad, cómo se llama eso de ahogarse todo el tiempo?

El Pepe miró a Aúrea. Esta le hizo un ademán perentorio y pensó: «No debió venir esta noche.»

—No sé a qué se refiere —dijo el Pepe finalmente.

—Se llama de una manera enrevesada. ¡Jesús, qué cabeza! Mañana se lo preguntaré al doctor. Eso tiene su nombre, pero esta condenada sonda no me deja ni pensar. ¡Ay Magdalena bendita, esta sonda acabará matándome!

Había una luz difusa, fantasmal, en la estancia, la luz cambiante que escapaba de los hachones, y se metía por las rendijas, siempre en fuga, ascendiendo. La sala tenía, a esta luz, una lúgubre lividez de fuego fatuo. La procesión, al pie de la ventana, desfilaba incesante, como un río.

—¿Sintieron esa corneta? Pues es mi nieto. Me dijo anoche: «Al pasar junto a tu ventana te daré una nota falsa, abuela.» El está ahí ahora, y si yo no tuviera la sonda estaría en el balcón de la oficina de mi hijo viéndole tocar la corneta. Pero esta sonda me va a matar.

—¿Lo va a dejar usted de una vez, abuela?

El tiroteo se cruzaba sobre la cama de Aúrea y descargaba sobre ella como un helado rocío. Dijo la vieja:

—Da gracias que es el día que es; si no, ibas a oírme cuatro frescas...

Dijo el Pepe:

—Mi hermano, el que está en la Diputación, va con las Siete Palabras, y cada año, al cruzar frente a mí, se pasaba tres veces la mano por la barba del capirote para que le reconociese.

—¡Ay —dijo la vieja—, Virgen de los Cuchillos, si no me quitas la sonda acabaré cometiendo un disparate!

El Pepe, tímidamente, impulsado por la penumbra, tomó la mano de su mujer:

—Oye —dijo.

—¿Qué?

—¿Te has fijado alguna vez en el gilí ese del Reventón, el que está junto a la escala, abajo, el de los bigotes, como se echa un aire con el Mauricio? Todos los años estoy por decírtelo y siempre se me pasa.

—Ni había reparado en él, ve ahí.

—Pues al año que viene, cuando ya estés buena, te lo enseñaré. Tiene tal cual el mismo semblante; el gesto ese del Mauricio cuando se reniega y...

—Digo, Pepe, si se habrá acordado el Mauricio de ponerle el abrigo al crío.

—Claro. ¿Sabes qué nos dijo el alcalde anteayer? Dijo: «¡Bravo por los fijos y los eventuales! La ciudad ha quedado limpia de nieve en veinticuatro horas. Pueden sentirse satisfechos. Es un récord.»

—Muchas palabras, pero no paga.

—A fin de mes, mujer; todos lo dicen.

Chirrió el jergón de la vieja, y ellos supieron que ella iba a hablar o a escupir, o a lamentarse, o a todas las cosas juntas. Pero la mujer dijo:

—Esta es la Municipal y va con el Reventón. ¡Vaya si tocan bien! Se la conocería a una legua. Cuando pase el tiempo, yo quiero que mi nieto toque con la Municipal; es otra cosa. Y para entonces, si esta maldita sonda me ha dejado en paz, yo misma le bordaré el uniforme.

Carraspeó ásperamente y escupió. Luego gritó y se agitó en unos espasmos convulsos.

Dijo el Pepe tenuemente, acariciando los bastos dedos de Aúrea:

—Si pudieras levantarte un momento, te enseñaba el sayón que se le da un aire al Mauricio. Es tal como verle a él.

Luego hubo un silencio, y hubo el rumor progresivo del desfile, y el acento amortiguado de las cornetas aproximándose y alejándose, como en un juego, y el resplandor irregular de los hachones haciendo sombras en el techo, y el dolor de Dios sobre el propio dolor de la carne de junto a la ventana y sobre el dolor agrio y hermético del rebujo del rincón. Y hubo, al cabo, el silencio sobrecogedor que circundaba como un aura a la Virgen de los Cuchillos.

Dijo de pronto la vieja:

—Está Ella ahí Está aquí abajo... ¿No la sienten? ¡Oh Virgen bendita, compadécete de mí! Yo sé que estás ahí abajo, y sólo te pido que me quites esta sonda que me mata; que me quites este horrible dolor que me come las entrañas. ¡Te lo pido por mi nieto, que toca para Ti, y para tu Hijo, y para todos los santos del cielo! ...

Se rebullía agónicamente y su acento era cada vez más descompuesto. En las pausas se oía el despertador en el bolsillo de la americana del Pepe, y era, el suyo, un tictac robusto y tenaz, y a la vieja el tictac lejos de enervarla, la incitaba.

—¡Virgen de los Cuchillos, tú que lo puedes todo, puedes quitarme este dolor! ¡Te lo pido por todos tus dolores, y por el dolor de tu Hijo bendito, y por todos los dolores del mundo! ...

Aúrea hizo una seña al Pepe, y éste se incorporó y se dirigió hacia el lecho de la ventana. Pero andaba muy despacio, con ánimo de no llegar nunca. Y antes de hacerlo, la vieja se calmó repentinamente, y entonces se oyeron los acordes lejanos de la banda de San Quintín que cerraba la procesión.

Y Aúrea pensaba: «No debió venir el Pepe; no es un día apropiado para las visitas.»

La faz de la vieja se había transfigurado.

Tenía una expresión plácida, una expresión
de infinito relajamiento. Su actitud era casi
de éxtasis. Y le dijo al Pepe, que se había
detenido torpemente entre las dos camas:

—Ya está, hijo. Ella lo ha hecho ¿comprende? Ella me ha quitado el dolor, y es
como si me hubiera quitado la sonda con
su mano bendita. Lo ha hecho por mí ¿sabe?
La Virgen ha hecho un milagro para mí.
¿Es que no lo entiende? —se volvió a
Aúrea: ¿Lo entiende usted, señora? Ahora
no me duele la sonda; ni la siento. Es como
si no la tuviera. Y es la Virgen la que lo ha
hecho para mí, para que yo no sufra —so-
plaba y golpeaba la banda al pie de la ventana—. ¡Hermana! ¡Sor Juana! ¡Un milagro! Es como sentirse dormida después
de cinco días de martirio. ¿Es que no lo
entienden? ¡Sor Juana! ¡Toque el timbre,
por favor!... La Virgen acaba de hacer un
milagro conmigo y ustedes no lo compren-
den. Deberían arrodillarse y rezar. Antes no
podía resistirlo, ¿entiende?, y ahora se me
ha quitado de repente el dolor. ¡Hermana!... ¡Toque el timbre, por favor!...

Pepe, un tanto envarado, pulsó el timbre
y apareció Sor Juana pisando firmemente y
de puntillas. Dio la luz y el rebujo del rincón
dijo:

—Está chalada, madre...

Y Sor Juana preguntó:

—¿Qué sucede?

Y con la presencia de Sor Juana y con la luz, Pepe se sintió descargado de un peso y retornó junto al lecho de Aúrea a quien iban a vaciar en cuanto ganase unos gramos para que los perdiese otra vez, y la dijo:

—Bueno yo me largo.

—No debiste venir, Pepe; ya te lo he dicho.

La vieja estaba fuera de sí:

—¡Un milagro, hermana!... Todos son testigos. ¡La Santísima Virgen de los Cuchillos ha hecho un milagro conmigo! Yo tenía así, sobre la parte, un gran dolor, y era la sonda, hermana. Pero ahora es como si... como si...

Pepe, se inclinó sobre el lecho de Aúrea y la besó fugazmente en la mejilla. Chilló el rebujo del rincón:

—¡Vaya, qué bonito!... ¡Lo que quedaba por ver! ¿No le da vergüenza?

—¿Qué? —dijo Pepe.

—¡Parece mentira, donde estamos y en un día como hoy!...

Era una voz sin labios; una voz desfibrada, somnolienta. Aúrea pensó: «¿A qué habrá venido este hombre?» Pero le vio comprometido y se conmovió, y dijo:

—¿Volverás el domingo?

—Claro.

—No te olvides de la enagua azul. Ya sabes: arriba de la cómoda, en el cajón, según abres, a mano derecha.

Y cada vez que veía al herrador, Juan le decía:

—¿Cuándo me das el conejo, Boni?

Y Boni, el herrador, respondía preguntando:

—¿Sabrás cuidarle?

Y Juan, el niño, replicaba:

—Claro.

Pero Adolfo, el más pequeño, terciaba, enfocándole su limpia mirada azul:

—¿Qué hace el conejo?

Juan enumeraba pacientemente:

—Pues... comer, dormir, jugar...

—¿Cómo yo? —indagaba Adolfo.

Y el herrador, sin cesar de golpear la herradura, añadía:

—Y cría, además.

Juan agarraba al pequeño de la mano:

—El conejo que nos dé Boni criará conejos pequeños y cuando tengamos muchos le daremos uno a Ficu.

—Sí —decía Adolfo.

Boni, el herrador, aunque miraba para los chicos, siempre acertaba en el clavo.

—¿Es cierto que quieres el conejo?

—Claro —respondió Juan.

—¿Y sabréis cuidarle?

—Sí —dijeron los dos niños a coro.

—Pues mañana a mediodía os aguardo en casa —añadió el herrador.

Y cuando los niños descendían cambera abajo, cogidos de la mano, les voceó:

—Y si le cuidáis bien os daré, además, un pichón.

Y Adolfo le dijo a Juan:

—¿Un pichón? ¿Qué es un pichón?

—Una paloma —contestó Juan.

—¿Y vuela? —dijo Adolfo.

—Todas las palomas vuelan —dijo Juan.

Al entrar en la Plaza, vieron los grupos de gente y a Sebastián y Rubén con los cirios y una mujer que sollozaba. Y Evelio, el de la fonda, dijo:

—Le venía de atrás; si no le dijo nada al médico fue por no enseñarle los pechos.

Esteban, el del molino, se rascó el cogote:

—En una soltera se comprende.

Juan y Adolfo, cogidos de la mano, mero-

deaban entre los grupos sin que nadie repa-
rara en ellos, hasta que llegó el cura y enhe-
bró una retahíla ininteligible, y las mujeres
se santiguaron, y los hombres se quitaron
las boinas y las daban vueltas, sin dejarlo,
entre los dedos. Y Juan soltó a su hermano
y se descubrió y empezó a girar su sombrero
tal como veía hacer a los hombres. Y al ver
sacar aquello de la casa, le dijo a Adolfo en
un cuchicheo:

—Es un muerto.

—¿Dónde está el muerto? —voceó Adolfo.

Y los hombres dijeron:

— ¡Chist, chaval!

Y Adolfo abrió aún más sus ojos azules
y bajó la voz y le dijo a Juan:

—¿Dónde está el muerto, Juan?

Y Juan respondió:

—Metido en esa caja.

Y Adolfo miró primero a la caja blanca,
y luego a su hermano, y luego a la caja blanca otra vez, y, finalmente, alargó su manita
y cogió la de su hermano, y ambos arranca-
ron a andar tras del cortejo, mientras el
cura continuaba murmurando frases ininte-
ligibles. Y al cruzar frente al potro, Boni, el
herrador, estaba quieto, parado, la boina
entre los dedos, mirando pasar la comitiva.
Y al ver en último lugar a Juan, le guiñó
un ojo y le dijo:

—¿Dónde vais vosotros?

—Al entierro —dijo Juan—. Es un muerto.

—¿Y el conejo?

—Mañana —dijo el niño.

El herrador volvió a calarse la boina, enjaretó el acial, tomó el martillo y le dijo a Juan por entre las patas del macho, indicando con un movimiento de cabeza la curva por donde desaparecía el cortejo:

—A ver si le cuidas bien, no le vaya a ocurrir lo que a la Eulalia. Adolfo levantó su mirada azul:

—¿Sabía volar la Eulalia? —preguntó.

—¡Chist! —respondió Juan, uniéndose al grupo.

La caja yacía en la primera posa y el cura rezongaba frases extrañas en un tono de voz muy grave, y los hombres iban, se adelantaban de uno en uno y echaban dinero en la bandeja que sostenía el Melchorín; cada vez más dinero; y las monedas tintineaban sobre el metal, y a Adolfo se le abultaban los ojos y decía:

—¿Juan, por qué le dan perras a Melchorín?

Y Juan le aclaraba:

—Para no morirse como la señora Eulalia.

Y así durante tres posas, hasta que llegaron a lo alto, al alcor, donde se erguían los cipreses del pequeño camposanto. Secun andaba allí, junto al hoyo, con la pala en la mano, y Zósimo, el alguacil, sostenía sobre el hombro un azadón. Entre la tierra removida blanqueaban los huesos mondos, y Adolfo apretó la mano de Juan y preguntó:

—¿Eso qué es?

—¡Chist! —le respondió Juan—. Una calavera, pero no te asustes.

—¿Vuela? —inquirió Adolfo.

Pero Juan no respondió. Miraba atentamente cómo bajaban la caja al hoyo con las cuerdas, y luego cómo Secun y Zósimo arrastraban la tierra negra y los huesos blancos sobre ella, y luego cómo Melchorín pasaba la bandeja, y luego, finalmente, nada.

Y a la hora de comer Juan le dijo a su padre:

—Papá.

Pero su padre no le oyó. Escuchaba las conversaciones de sus hermanos mayores y miraba con evidente simpatía a Adolfo, a quien su madre regañaba porque se había manchado. Así es que Juan repitió «papá» hasta cuatro veces y, a la cuarta, su padre se volvió a él:

—Papá, papá, no se te cae esa palabra de la boca. ¿Qué es lo que quieres?

Juan dijo tímidamente:

—Boni, el herrador, me va a regalar un conejo.

—¿Ah, sí? —dijo distraídamente el padre.

—Es para Adolfo y para mí —agregó Juan.

—¿Para Adolfo también? —rió el padre—. ¿Y para qué quieres tú un conejo, si puede saberse?

—Para que vuele —dijo Adolfo.

Intervino Juan:

—Para que críe; son las palomas las que vuelan. Boni dice...

—Calla tú; déjale al niño —añadió el padre.

—Los conejos tienen alas —dijo Adolfo.

Y su padre rió. Y su madre rió. Y rieron, asimismo, los hermanos mayores.

Y a la mañana siguiente se presentó Juan con el gazapo, blanco y marrón, en un capacho y dijo:

—Mamá, ¿tienes un cajón?

Mas la madre se soleaba, adormilada en la hamaca, y no respondió. Juan insistió, penduleando el capacho, hasta que al fin la madre entreabrió los ojos y murmuró:

—Este niño, siempre inoportuno. En la cueva habrá un cajón, creo yo.

Y Juan bajó a la cueva y subió un cajón, y Luis se encaprichó con el conejo y sacó a su vez la caja de herramientas y le puso al cajón un costado de tela metálica y le abrió un portillo para meter y sacar al animal, y Juan, al ver a su hermano afanar con tanto entusiasmo, le decía:

—Aquí criará a gusto, ¿verdad, Luis?

Mas Luis, enfrascado en su tarea, ni siquiera le oía:

—Es bonito el conejo que me ha dado el Boni, ¿verdad, Luis?

Luis decía, al cabo, rutinariamente:

—Es bonito.

Adolfo se aproximó a Juan.

—¿Es la casa del conejo? —preguntó.

—Sí, es la casa del conejo, ¿te gusta? —dijo Juan.

—Sí —dijo Adolfo.

Y tan pronto Luis concluyó su obra, Juan agarró al gazapo cuidadosamente, abrió el portillo y lo metió dentro. El niño miraba al bicho fruncir el hociquito, cambiar de posición, aguzar las orejas, y decía:

—Está contento en esta casa, ¿verdad, Luis?

—Sí, está contento —decía Luis.

—¿Y va a volar? —preguntó Adolfo.

Juan inclinó la cabeza a nivel de la de su hermano y le dijo:

—Los conejos no vuelan, Ado. Las que vuelan son las palomas. Y si cuidamos bien al conejo, el Boni nos dará una.

—Sí —dijo Adolfo.

Juan corrió hacia Luis, que se encaminaba a la casa con la caja de herramientas en la mano:

—Luis —le dijo—, ¿me harás otra casa si el Boni me da una paloma?

—¿Otro bicho? —rezongó Luis.

Juan le miraba sonriente, un poco abrumado. Dijo:

—Boni me dará un pichón si crío bien el conejo.

—Bueno, ya veré —dijo Luis.

Y Juan volvió donde el conejo, a mirar cómo fruncía el hociquito rosado y cómo le palpitaba el corazón en los costados. Después cogió a Adolfo de la mano y se llegó donde su padre.

—Papá —dijo—, ¿qué comen los conejos?

El padre se volvió a él, sorprendido.

—¡Qué sé yo! —dijo—. Verde, supongo.

—Sí —dijo Juan atemorizado, y corrió donde su madre y la dijo:

—Mamá, ¿qué es verde?

—Jesús, qué niño tan pesado —dijo la madre—. Verde, pero, ¿verde de qué?

—Papá dice que los conejos comen verde y yo no sé lo que es verde.

—¡Ah, verde! —respondió la madre—. Pues yerba digo yo que será.

A la tarde, el niño bajó donde el herrador.

—Boni —le dijo—, ¿qué comen tus conejos?

Boni, el herrador, se incorporó pesadamente, oprimiéndose los riñones con las manos y sin llegar a enderezarse del todo.

—Bueno, bueno —dijo—, los conejos tienen buen apetito. Cualquier cosa. Para empezar puedes darle berza y unos lecherines. Y si se porta bien dale una zanahoria de postre.

Juan tomó a Adolfo de la mano. Adolfo dijo:

—A mí no me gusta eso.

—¿Cuál? —inquirió Juan.

—Eso —dijo Adolfo.

Cada mañana, Juan llevaba al conejo su ración de berza y de lecherines. Algún día le echaba también una zanahoria, pero el conejo apenas roía una esquina y la dejaba.

—No le gusta eso —decía Adolfo—. Y Juan le explicaba pacientemente que el conejo tenía la tripa llena de berza y de lecherines y no le quedaba hueco para la zanahoria. Adolfo denegaba obstinadamente con la cabeza:

—No le gusta eso —decía.

En un principio el conejo mostraba alguna desconfianza, pero tan pronto advirtió que los pequeños se aproximaban para llevarle alimentos se ponía de manos para recibir las hojas de berza y aún las comía delante de ellos. Ya no le temblaban los costados si los niños le cogían, y le gustaba agazaparse al sol, en un rincón, cuando Juan le sacaba de la cueva para airearse. En todo caso, Juan alejaba al conejo de la casa porque su madre dijo el primer día que «aquel bicho olía que apestaba».

Al concluir el verano comenzó a llover.

Llovía lenta, incansablemente, y Juan bur-
laba cada día la vigilancia para salir a por
lecherines. Cada vez regresaba con una brazada de ellos, y el conejo le aguardaba de
manos, impaciente. Juan le decía:

—Tienes hambre, ¿eh?

Y, en tanto comía, añadía:

—Adolfo no viene porque no le dejan,
¿sabes? Está lloviendo. Cuando deje de llover te sacaré al sol.

Y, al cuarto día, cesó, repentinamente, de
llover. Juan vio el cielo azul desde la cama,
y sin calzarse corrió a la cueva; mas el conejo no le recibió de manos, ni siquiera
aculado en un rincón, como acostumbraba
a hacer los primeros días, sino tumbado de
costado y respirando anhelosamente. El
niño introdujo la mano por la tela metálica
y le acarició, pero el animalito no abría los
ojos.

—¿Es que estás malo? —preguntó Juan.

Y como el conejo no reaccionaba, abrió
precipitadamente el portillo y lo sacó fuera.
El animal continuaba relajado, sin vida:
apenas un leve hociqueo y una precipitada,
arrítmica respiración. Juan lo depositó en
el suelo y corrió alocadamente hacia la casa:

—¡Mamá, mamá! —voceó—. El conejo
está muy malito.

Su madre le miró irritada:

—Déjate de conejos ahora y cálzate
—dijo.

Juan se puso las sandalias y buscó a Adolfo:

—Adolfo —le dijo—, el conejo se está muriendo.

—A ver —dijo Adolfo.

—Ven —dijo Juan, tomándole de la mano.

El conejo, tendido de costado sobre la yerba, era como un manojito de algodón, apenas animado por un imperceptible estremecimiento:

—¿Tiene sueño? —preguntó Adolfo.

—No —respondió Juan gravemente.

—¿Por qué no abre los ojos? —demandó Adolfo.

—Por qué se va a morir —dijo Juan.

Y, repentinamente, soltó la mano de su hermano y corrió donde el herrador:

—Boni —le dijo—, el conejo está muy malo.

Boni, el herrador, se llevó las manos a los riñones antes de incorporarse:

—No será para tanto, digo yo.

—Sí —dijo Juan—. No quiere andar ni tampoco abrir los ojos.

—¡Vaya por Dios! —dijo el Boni—. Pues sí que le has cuidado bien.

El niño no contestó. Tomó la mano encallecida del hombre y le encareció tirando de él:

—Vamos, Boni.

—Vamos, vamos —protestó el herrador—. ¿Y qué va a decir la mamá? Sabes de sobra que a la mamá no le gusta que los del pueblo metamos las narices allí.

Pero siguió al niño cambera abajo; y al llegar a la puerta, advirtió:

—Tráeme el conejo, anda. Yo no paso.

Y cuando el niño regresó con el conejo, Adolfo corría torpemente tras él, y al ver al herrador, le dijo:

—¿Es que va a volar, Boni?

El herrador examinaba atentamente al animal:

—Volar, volar..., si que está el animalito como para volar —volvió los ojos a Juan—. ¿Le mudas la cama?

—¿Qué cama? —preguntó el niño.

El herrador se fingió irritado:

—¿Es que quieres que el conejo esté tan despabilado como tú si ni siquiera le haces la cama?

—Yo no lo sabía —dijo Juan humildemente.

Aún insistió el herrador:

—Y le habrás dado la comida húmeda, claro.

Juan asintió:

—Como llovía...

—Llovía, llovía —prosiguió el herrador—. ¿Y no tienes una cocina para secarlo? Mira, para que lo sepas, los lecherines mojados son para el animalito lo mismo que veneno.

—¿Veneno? —murmuró Juan aterrado.

—Sí, veneno, eso. Les fermenta en la barriga y se hinchan hasta que se mueren, ya lo sabes.

Se incorporó el herrador. Juan le miraba vacilante. Dijo, al fin:

—¿Se podrá curar?

—Curar, curar —dijo el herrador—. Claro que se puede curar, pero no es fácil. Lo más fácil es que se muera.

Juan le atajó:

—Yo no quiero que se muera el conejo, Boni.

—¿Y quién lo quiere, hijo? Estas cosas están escritas —replicó el Boni.

—¿Escritas? ¿quién las escribe, Boni? —preguntó el chico anhelante.

El herrador se impacientó:

—¡Vaya pregunta! —dijo secamente.

Adolfo miraba de cerca, casi olfateándolo, al conejo. Al cabo, aun encuclillado, alzó su mirada azul, muy pálida, casi transparente:

—Tiene sueño —dijo.

—Sí —dijo el herrador—. Mucho sueño. Lo malo es si no despierta.

Se agachó bruscamente y le puso a Juan una manaza en el antebrazo:

—Mira, hijo, lo primero que le vas a poner a este bicho es una cama seca.

A Juan se le frunció la frente:

—¿Una cama seca? —indagó.

—Una brazada de paja, vaya.

—Tiene sueño —dijo Adolfo. El conejo tiene sueño.

—¡Calla tú la boca! —cortó el herrador. Luego, no le des de comer en todo el día, y mañana, si le ves más listo, le das... O, mejor, ya vendré yo. Si mañana le vieras más listo, me mandas razón con la Puri o te acercas tú mismo.

Y cuando el Boni salió a la carretera, Juan cogió al conejo con cuidado, le acostó sobre su antebrazo y franqueó la puerta del jardín. Le dijo a Adolfo, conforme avanzaban por el paseo bordeado de lilas de otoño:

—El conejo se va a poner bueno. El Boni lo ha dicho.

Adolfo le miró:

—¿Y volará? —dijo.

—No —prosiguió Juan—, los conejos no vuelan.

Luego metió la paja en el cajón y depositó al conejo encima, pero Luis le miraba hacer, y cuando Juan cerró el portillo, dijo:

—Ese conejo las está diñando.

—No —protestó Juan—. El Boni dijo que se pondrá bueno.

—Ya —dijo Luis—. Este no lo cuenta.

En ese momento el conejo se agitó en unas convulsiones extrañas:

—Mira, ¡ya corre! —voceó Adolfo.

—Está mejor —dijo Juan—. Antes no se movía.

—Ya —dijo Luis—. Está en las últimas. Además me da grima ver sufrir a los animales. Le voy a matar.

Abrió el portillo, y Juan se agarraba a su cuello y gritaba:

— ¡No, no, no...!

Se asomó la madre:

— ¡Marcharos de aquí con ese conejo!

—Se está muriendo —dijo Luis—. El animal sólo hace que sufrir.

—Matadle —dijo, piadosamente, la madre.

Luis le sujetó por las patas traseras, la cabeza abajo.

—No —dijo todavía, débilmente, Juan—. Boni dice que se curará.

—Sí, mátale —dijo Adolfo con una prematura dureza en sus ojos azules.

Y Luis, sin más vacilaciones, le golpeó por tres veces con el canto de la mano detrás de las orejas. El conejo se estremeció levemente y, por último, se le dobló la cabeza hacia dentro. Luis le arrojó en la yerba:

—Listo —dijo frotándose una mano con otra, como si se limpiara.

Juan y Adolfo se aproximaron al animal:

—Tiene sueño —dijo Adolfo.

—Sí... está muerto —dijo Juan agachándose y acariciándole suavemente.

Sus ojos estaban húmedos, y continuaba atusándole, cuando su madre le chilló:

—¡Llevadle lejos, que no dé olor! ¡Enterradle!

Juan se incorporó súbitamente:

—Eso, Adolfo —dijo—, vamos a enterrarle.

Le había brotado, de pronto, una alegría inmoderada.

—Sí —dijo Adolfo.

—Eso —insistió Juan—. Vamos a hacer el entierro.

Entró en la cueva y salió con la azada al hombro, y luego le entregó a Adolfo una tapa de cartón y le dijo:

—Ahí se echan las perras, ¿sabes?

—Las perras, eso —dijo Adolfo jubilosamente.

Y Juan suspendió el conejo recelosamente de las patas traseras y caminaba por el paseo de lilas, el bicho en una mano, la azada al hombro, salmodiando una letanía ininteligible. Y Adolfo le seguía a corta distancia con el cartón a guisa de bandeja, y, súbitamente, voceó:

—Se hace pis. El conejo se está haciendo pis.

Juan se detuvo, levantó el conejo y vio el chorrito turbio que mancillaba la piel blanca del animal y escurría, finalmente, hasta las losetas del paseo. Miró de nuevo incrédulamente, y al cabo chilló, volviendo la cabeza hacia la casa:

—¡Papá, mamá, Puri, Luis, el conejo se ha meado cuando ya estaba muerto!

Pero nadie le respondió.

Caía el sol, demasiado luminoso para una mañana de octubre, y el hombre bajo y mísero se acomodó bajo la insuficiente sombra del chaparro. Dos pasos más allá, un hombre enjuto, con el cuello fruncido por una enorme cicatriz, bebió ávidamente de la bota que acababa de tenderle el otro. Al concluir, se pasó el envés de la mano derecha por los labios y miró, guiñando levemente los ojos, a lo lejos. La ladera se desplomaba en cárcavas profundas hasta el cauce del río, que rebrillaba al fondo entre dos hileras de chopos moribundos. En el suelo, yacían las mohosas escopetas, sistema Laffosete, y las cananas, de una de las cuales pendía desmayadamente una perdiz.

A su lado, jadeando, estaba la perra, un animal de pelaje castaño y mirada taciturna que, en un movimiento inoportuno, exhibió unas ubres excesivamente distendidas. El hombre de la cicatriz, a quien le dolía en los riñones la aspereza de la ladera, se volvió calmosamente y fijó sus ojos en el animal.

—Le pesan los años —dijo—. ¿Qué hiciste de los cachorros?

La perra olisqueó ansiosamente la perdiz y dos plumas ingrávidas se alzaron en el viento. Una de las escopetas tenía mellada la boca del tubo izquierdo. Los pantalones del hombre bajo y mísero, deshilachados en los bajos, estaban parcheados en las rodillas. El hombre bajo y mísero alargó una pobre mano deformada y acarició al animal insistentemente entre las orejas. La perra interrumpió el jadeo, cerró la boca y miró al amo con ojos inteligentes:

—No es vieja —respondió—; los partos la avejentan. Esta vez echó siete y sólo le dejé dos. La «Loy» no es vieja. Los otros cinco los arrojé al río.

—¿No tenían casta? —demandó el hombre de la cicatriz, sentándose trabajosamente al sol luminoso de la mañana.

—Bueno —dijo el otro—; yo quería el «pointer» de Leo pero ella les saca siempre del «Tigre», ese cochino perro pastor. No me gusta hacerlo pero tuve que arrojar al agua cinco cachorros.

—Le pesan los años —insistió el hombre de la cicatriz, a quien la ladera le pesaba en la espalda agobiadoramente—. Ha perdido los vientos.

El hombre viejo y mísero levantó la húmeda mirada de los ojos del animal y la posó desafiadoramente en los ojos del otro.

—Tú la viste trabajar, no debes decir eso. En el pueblo no hay una perra como la «Loy». La «Loy» es un animal inteligente y laborioso. Tú la viste trabajar y no debes decir eso.

El hombre de la cicatriz señaló con un dedo la fláccida perdiz. No se oía sino el rumor del leve viento enroscándose entre las leves ramas del chaparro.

—Su trabajo ha sido eso. Yo no disparé en toda la mañana. Su trabajo es sólo eso.

El hombre bajo y mísero pretendió ser irónico. Dijo:

—La «Loy» aún no sabe poner perdices donde no las hay. Es demasiado vieja o demasiado joven para eso.

El hombre de la cicatriz trató en vano de introducir la cabeza en la sombra del chaparro. Añadió:

—No puedo olvidar la perrita de Demetrio. Al hablar de perros perdigueros siempre me se viene a las mientes la perrita de

Demetrio. Si yo tuviese un perro que se alargara, lo ahorcaría. No puedo soportarlo.

El hombre bajo y mísero, que bebía en ese momento de la bota, se atragantó. Un hilo rojizo le escurrió por la barbilla y cayó sobre su pechera. El hombre no hizo caso.

—Mi perra no se va —dijo irritado—. ¿Sabes qué dice don Feliciano cada vez que sale al campo con ella? Dice: «Puedes estar satisfecho: a ese animal sólo le falta hablar.» Eso dice don Feliciano y me parece que no es un cualquiera.

La perra observaba a su amo indulgentemente. Abajo, del otro lado del río, por encima de los sauces, se erguía un campanario. Tembló una racha de viento cálido entre los chaparros. El hombre de la cicatriz en el cuello entrecruzó los dedos pacientemente.

—La perra de Demetrio cazaba siempre a la vera de uno —dijo—. Si se ponía de muestra y meneaba la cola, podía uno desconfiar, pero si se quedaba firme como un palo tenía pieza segura. Y no se impacientaba, no señor. Aguardaba el tiempo preciso. Era tuerta, pero con el ojo sano estaba a la pieza y al cazador. Uno había de decirla: «Vamos» para que se arrancara. Siempre cazaba a la vera de uno.

El hombre bajo y deforme adoptó una actitud ensimismada. No oía el rumor de la voz oscura del otro. Pensó: «No acertaría a

vivir sin este animal.» Disponían de habitación común, sin otra compañía, se había
hecho a los hábitos y querencias del animal.
Hasta le disculpaba que le diese hijos del
«Tigre» en vez del «pointer» de Leo. Cada
noche se dormía sobre el jergón contemplando el bulto paciente que componía el
animal enroscado en el suelo. Dijo como
para sí:

—Me cobra las perdices alicortas sin más
que mirarme a la cara. El año pasado me
sacó un pato del río en el mes de diciem-
bre. Jamás se enoja si yo no mato. Ella
comprende que unos días uno mata y otros
no mata. La perdiz malcrió este año y la
«Loy» no puede evitarlo. Ella se afana aunque sabe que es inútil. Y, puestos a ver, ¿no
se tumba la perra de Demetrio a la bartola
cuando ve que no hay nada que hacer? El
hombre de la cicatriz se incorporó laborio-
samente, tomó con calma la canana del suelo y se ciñó la cintura con ella. Asomaban
los culatines de los cartuchos extrañamen-
te remendados con papeles de fumar. Dijo
resignadamente:

—Hubo un tiempo en que uno podía vivir
de la caza. Hoy no vive la caza ni vive uno.
Las liebres encaman como lirones, y sin un
perro con vientos no hay manera de levan-
tarlas.

El pueblo se hallaba abajo, en torno al
campanario. Aun los chopos se revestían de

una hoja amarilla y decadente. Sin embargo, el sol era demasiado luminoso para un día de octubre. El hombre bajo y mísero se puso en pie y la perra le imitó olisqueándole los talones. Dijo el hombre bajo y mísero que comenzaba a odiar al hombre de la blanca cicatriz, tomando la escopeta del cañón mellado.

—Faltan perdices. Vientos no le faltan a la perra.

Respondió el hombre enjuto mirando con cierto temor la inmensidad inhóspita de la ladera.

—Si las perdices oliesen como tus pies, yo no necesitaría perro para cazarlas.

Ahora caminaban en silencio, pacientemente, con un espacio de treinta metros entre ambos. El hombre bajo y mísero seguía la línea alta de la ladera. Marchaba en silencio y, de cuando en cuando, sus labios emitían un leve silbido. La perra, al oírlo, volvía la cabeza y le miraba. El miraba también a la perra y había en los dos pares de ojos una piadosa y recíproca comprensión. «Ha perdido los vientos, ha perdido los vientos. ¿Va ella a sacar perdices donde no las hay?» —se dijo y miró abajo a la silueta delgada, con la bota bamboleante a la cintura, que se desplazaba penosamente por el ardúo desnivel. El hombre bajo andaba lentamente, pisando los brezos, introduciendo los tubos de la escopeta entre las jaras, sin de-

jar un matojo por registrar. De cuando en
cuando silbaba suavemente. Las ubres distendidas de la perra producían una dolorosa impresión de agotamiento. Sólo quebra-
ba la paz de la mañana un jadeo agobiador.
Abajo, ciñendo el campanario, se disemina-
ba el pueblo con sus modestas casas de
adobe aplastadas contra la tierra. El río brillaba entre los chopos.

La liebre se arrancó de los pies del hombre bajo y mísero sin que la perra denotase
la menor impaciencia. Mientras el hombre
bajo y mísero se armaba pensó que deseaba
que el hombre de la cicatriz no se hubiese
percatado de la omisión de la «Loy». La liebre no tenía escape y el hombre bajo y mísero la encañonaba alevosamente. Fue entonces cuando la perra se interpuso. El ojo
abierto del hombre bajo y mísero topó con
el cráneo de «Loy» en la misma línea de fuga
de la liebre.

Pensó no disparar pero el hombre de la
cicatriz voceaba aspaventosamente desde
media ladera. Juró por lo bajo. El hombre
bajo y mísero sabía que la perra estaba in-
curriendo en un lamentable error. Y cuando disparó, lo hizo a conciencia de que la
liebre y la perra eran en ese instante un
mismo blanco. (Y por no agraviar al hombre de la cicatriz). El estampido rodó ladera abajo hasta el pueblo, y antes de que se
extinguiese, el hombre bajo y mísero oyó

los aullidos de la perra a pocos pasos de él.
No le sorprendió ver al animal tendido, con
la cabeza ensangrentada, moviendo convul-
sivamente las patas traseras. La liebre yacía inmóvil, junto a un brezo, cuatro metros
más allá. El hombre bajo se aproximó y
acarició resignadamente con su pobre mano
deformada el lomo de la perra. Le sobresaltó oír la voz del hombre de la cicatriz a su
lado.

—Le pesaban los años; mejor ha sido así
—dijo.

El hombre bajo y mísero pensaba en los
dos cachorros que aguardaban junto al hogar. Luego, cuando la perra cesó de moverse, levantó lentamente los ojos, buscando
los de su compañero, y sin cesar en sus ca-
ricias dijo:

—¿Viste qué muestra me hizo?

El hombre de la cicatriz, con el rostro
vuelto a un cielo demasiado luminoso, bebía de la bota. Al concluir se limpió los labios con el envés de la mano, recogió la
liebre y la apretó los riñones para que orinase. Dijo a continuación, calmosamente, a
conciencia de que lastimaba al hombre bajo
y mísero:

—Yo iba a lo mío; no vi nada. Yo iba a
lo mío.

El hombre bajo y mísero cerró los ojos,
deslumbrado por los destellos del río o tal

vez aplanado por la presencia de la perra muerta. Dijo, sin advertir que mentía:

—El animal aguardó a que yo me pusiera a orilla suya. Tan rígida estaba haciendo la muestra que hubiera podido sentarme en ella. ¿Oyes? No me senté en ella porque no me dio la gana. Yo la dije: «Vamos». Y entonces la «Loy» se arrancó. ¿Oyes bien? El animalito no se arrancó en tanto yo no le dije: «Vamos». Yo me recordaba de lo que tú me decías hace un momento sobre la perra de Demetrio.

—Andando —dijo el otro distraidamente—. Aun se puede arreglar la mañana.

El sol andaba en lo alto demasiado vivo y el río espejeaba en la hondonada entre dos hileras de rígidos chopos.

Ella nunca ponía el Niño de esa manera —dijo Chelo al sentarse a la mesa.

—Es lo mismo; cámbialo. Ni me di cuenta.

Cati se pasó delicadamente las manos por las mejillas sofocadas.

—Sentaos —dijo.

Raúl y Tomás hablaban junto a la chimenea.

Dijo Chelo:

—Mujer, es lo mismo. El caso es que el Niño presida, ¿no?

La silla crujió al sentarse Raúl, a la cabecera. Elvi rió al otro extremo.

—Deberías comer con más cuidado —dijo. Yo no sé dónde vas a llegar.

161

Dijo Frutos:

—¿Por qué no habéis prendido lumbre como otros años?

A Cati le temblaba un poco la voz:

—Pensé que no hacía frío —levantó sus flacos hombros como disculpándose—: No sé...

—Bendice —dijo Toña.

La voz de Raúl, a la cabecera, tenía un volumen hinchado y creciente, como el retumbo de un trueno:

—Me pesé el jueves y he adelgazado, ya ves. Pásame el vino, Chelo, haz el favor.

Dijo Cati:

—Si queréis, prendo. Todavía estamos a tiempo.

Hubo una negativa general; una ruidosa, alborotada negativa.

—¿No bendices? —preguntó Toña.

Agregó Frutos:

—Yo, lo único por el ambiente; frío no hace.

Cati humilló ligeramente la cabeza y murmuró:

—Señor, da pan a los que tienen hambre y hambre a los que tienen pan.

Al concluir se santiguó.

Dijo Elvi:

—¡Qué bendición más original, chica! Ella nunca bendecía así.

Rodrigo miró furtivamente a su izquierda, hacia Cati:

—Se me hace raro no verla aquí, a mi lado, como otros años.

Tomás, Raúl y Frutos hablaban de las ventajas del «Seat 600» para aparcar en las grandes ciudades. Dijo Raúl:

—En carretera fatiga. Es ideal para la ciudad.

Chelo tenía los ojos húmedos cuando dijo:

—¿Os acordáis del año pasado? Ella lo presentía. Dijo: «Quién sabe si será la última Navidad que pasamos juntos.» ¿No os acordáis?

Hubo un silencio estremecido, quebrado por el repique de los cubiertos contra la loza. Raúl estalló:

—Llevaba veinte años diciendo lo mismo. Alguna vez tenía que ser. Es la vida, ¿no?

Cati carraspeó:

—Esa bendición se la oí un día al padre Martín. Es sobria y bonita. Me gustó.

Tomás levantó la voz:

—A mí, como no me gusta correr, tanto me da un coche grande como uno pequeño.

Elvi fruncía su naricita respingona cada vez que se disponía a hablar. Dijo:

—Raúl tiene pan, pero haría mejor pidiéndole a Dios que no le diese hambre. Si no, yo no sé dónde va a llegar.

Elena pasaba las fuentes alrededor de la

mesa. Y cuando Elvi habló, unió su risa es-
pontánea a la de los demás.

—No, gracias, hija; no quiero más —dijo
Frutos con un breve gesto de la mano. Rodrigo denegó también. Dijo luego:

—Ella ponía la lombarda de otra manera. No sé exactamente lo que es, pero era
una cosa diferente.

Raúl se volvió a Tomás:

—Pero, bueno ¿quieres decirme qué kilómetros haces tú?

Dijo Frutos:

—Con la chimenea apagada no me parece
Nochebuena, la verdad.

Toña saltó:

—No es la chimenea.

Cati se inclinó hacia Rodrigo:

—Está rehogada con un poco de ajo, exactamente como ella lo hacía.

Elvi arrugó su naricilla:

—Sigo pensando en esa bendición tuya,
tan original, Cati. Creo que no está bien.
Para arreglar ese asunto entre los que tienen hambre y los que no tienen hambre, me
parece que no es necesario molestar a Dios.
Sería más sencillo decirles a los que tienen
pan y no tienen hambre, que les den el pan
que les sobra a los que tienen hambre y no
tienen pan. De esa manera, todos conten-
tos, ¿no os parece?

Tomás se soliviantó un poco:

—Haga los kilómetros que haga. Yo no

tengo necesidad de correr y en carretera
tanto me da un «Seiscientos» como un
«Mercedes»; es lo que te quiero decir.

—A mí no me parece Nochebuena —dijo
Frutos después de observar atentamente la
habitación—. Aquí falta algo.

Chelo amusgó los ojos y miró hacia Cati:

—Cati, mona —dijo— si te miro así con
los ojos medio cerrados, como vas de negro, todavía me parece que está ella —se
inclinó hacia Raúl—: Raúl —añadió—, cierra los ojos un poco, así, y mira para Cati.
¿No es verdad que te recuerda a ella?

Cati hizo un esfuerzo para tragar. Toña
hizo un esfuerzo para tragar. Raúl hizo un
esfuerzo para tragar. Finalmente, entre-
cerró los ojos y dijo:

—Sí, puede que se le dé un aire.

Rodrigo se dirigió a Frutos, cruzando la
conversación:

—No te pongas pelma con el ambiente.
No es el ambiente. Es la lombarda; y el be-
sugo también. Este año tienen otro gusto.

Frutos enarcó las cejas.

—Lo que sea no lo sé. Pero a mí no me
parece que hoy sea Nochebuena.

Cati descarnaba el alón del pavo nerviosamente, con increíble destreza. Luego se
lo llevaba a la boca con el tenedor en por-
ciones minúsculas.

Dijo Raúl:

—Pásame el vino, Chelo, anda.

Chelo le pasó la botella. Inmediatamente se incorporó y, sin decir nada, colocó al Niño en ángulo recto con el largo de la mesa, encarando a Cati. Inquirió:

—¿Y así?

Dijo Elvi:

—No os molestéis. Es la bendición tan rara de Cati la que lo ha echado todo a perder.

Toña gritó:

—¡No es la bendición!

—Bueno, no os pongáis así. Lo que hay que hacer es beber un poco —dijo Raúl—. El ambiente va por dentro.

Y repartió vino en los vasos de alrededor.

Frutos se puso en pie y sacó del bolsillo una caja de fósforos:

—Aguarda un momento —dijo—. ¿Tenéis un papel? —se dirigió a la chimenea.

Chelo le dijo a Toña:

—Toña, por favor, cierra un poco los ojos, así, y mira para Cati.

—Déjame —dijo Toña.

Las llamas caracoleaban en el hogar. Frutos se incorporó con una mano en los riñones. Voceó mirando al fuego:

—Esto es otra cosa ¿no?

Añadió Chelo:

—Yo no sé si es por el luto o que...

Frutos reculaba sin cesar de mirar a la lumbre:

—¿Qué? ¿Hay ambiente ahora o no hay ambiente?

Hubo un silencio prolongado, Rodrigo lo rompió al fin. Le dijo a Cati:

—¿Pusiste manzanas en el pavo?

—Sí, claro.

Rodrigo encogió los hombros imperceptiblemente. Frutos apartó su silla y se sentó de nuevo. Continuaba mirando al fuego. Toña le dijo irritada:

—No te molestes más; no es el fuego.

Elvi frunció su naricita:

—Cati —dijo—, si probaras a bendecir de otra manera, a lo mejor...

Se oyó un ronco sollozo. Raúl dejó el vaso de golpe, sobre la mesa.

—¡Lo que faltaba! —dijo—. ¿Pues no está llorando la boba ésta ahora? Cati, mujer, ¿puede saberse qué es lo que te pasa?

Pues el Mariano no está. A ver. Como dijeron ustedes, de nueve a diez se llegó donde el amo a dar de comer al ganado. Ya le conocen; no puede parar quieto. A las seis ya andaba de pie; va y me dice: «Me subo donde el amo a echar de comer al ganado.» Pero pasen ustedes, no se van a quedar en la calle. No; malo no, pero tampoco bueno. Aquí, con las Animas ya se sabe, barro y esperanzas. ¡Qué asco de pueblo! Lo único el baile, y para eso el alcalde quería suspenderlo por el señor ese que dicen que han matado. Lo que decían los mozos: «Pero si ni siquiera le conocemos.» Pero el señor alcalde, dale que le das, que es luto nacional y que todos habíamos de estar tristes

por obligación. ¿Qué le parece? Lo que yo
digo, que estas cosas han de salir de dentro, que si no le salen de dentro, mal se
puede uno poner triste porque lo diga el
señor alcalde. Pero él dale, con que lo mandado es lo mandado, y ellos, que si hoy no
había baile, mañana tampoco trabajo, que
si luto es hoy, también lo es mañana, y
uno con una desgracia a las costillas no
puede trabajar. El hombre, de que les oye,
ha querido venir a buenas y va y les dice:
«Bueno, pero sin música; sólo agarrarse.»
Ya ve usted cómo van a bailar sin música.
Este hombre, no es porque yo lo digo, pero
tiene cada cacho tontuna. Y así le crece el
pelo. A ver. Lo que yo digo, que más le
valiera darles música, que si los mozos se
ponen burros va a ser peor. Lo que siento
es lo del Mariano. Si ustedes no dicen
de nueve a diez él de qué. Ya ven, aguardando. Pero se fue donde el amo a dar
de comer al ganado y ya se sabe, una vez
allí, nunca falta dónde echar una mano.
Pero pasen, ustedes, no se van a quedar en
la calle. No, si frío, lo que se dice frío, ya
lo sé; pero así, tan de mañana, parece como
que se conoce el relente. ¡Para quieta,
Asun! ¡Huuy, demonio de crías! ¿Esta? Un
trasto. Las otras, vaya. Sí, también, pero
ocho prefiero antes que la Asun, así. Lo que
yo la digo: «A ti te deberían llevar al circo.»
Mire usted, y no es que yo lo diga, pero de

que la chavala ésta, que no es más que una
chavala, se pone a hacer visiones, todo el
pueblo es a reír. El maestro dice que para
el teatro no tenía precio. Sin ir más lejos,
ayer estábamos tal que así y le dice la señora Justina: «Haz una visión, Asun.» Y va
la cría y se pone con que tenía tres hijas,
la una legañosa, la otra mocosa y la otra
piojosa, y aquí nadie se podía tener de risa.
No es porque sea hija mía, la verdad, pero
chistosa es un rato largo. No; ahora no
querrá hacer nada: eso fijo. De que ve un
extraño se acobarda. Si la ven ustedes
ayer... Anda, haz unas visiones, maja, que
te vean estos señores. ¡Huuy, que chicas,
madre! Cuando se ponen así, créanme, las
metería un testarazo... Vamos, tontuna, ¿es
que crees que los señores te van a comer?
Mire, si se pone así es mejor dejarla. Ma-
tarla o dejarla, a ver. Y el Mariano sin venir. Anda, Doro, maja, llégate donde el
amo y dile al Mariano que están aquí los
señores de Bilbao, sí, los del año pasado;
los que llamaron anoche, eso. Y con ustedes, ciego. Pero no crean que el Mariano se
vaya con cualquiera. Y miren que el campo
le tira un rato. El no puede parar quieto,
ya le conocen. Afición como para parar un
carro. Pero ya ve usted, llega ese don Daniel o como se llame y que no; que con él
no caza; que antes se muere de hambre.
Y es lo que yo le digo; «¿pero es que te ha

hecho algo malo ese señor?» Y él, chitón.
Porque al Mariano ya le conocen, tesonero
como el que más, pero no es lo que se dice
hablador. El Mariano es muy cobarde. ¡Si
les dijera que si yo no abro el pico todavía
estamos aguardando! Lo que yo le digo:
«Tú sólo abres la boca para comer.» El
Mariano sólo una comida, como yo digo;
se levanta comiendo y comiendo se acuesta.
Y es lo que no puede ser. Que tal como está
hoy la vida eso es un escarnio. ¡Ya ven,
60 pesetas diarias! ¿Para qué me valen 60 pesetas si gasto mil mensuales en pan? Y que
una no tiene corazón para decirle a una criatura no hay. Puntos, puntos, o eso, quinien-
tas pesetas trae el Mariano cada tres meses. Me parece que es así. Pero ¿qué es eso?
Mire usted, aquí, si no fuera por el cochino,
ya andábamos medio pueblo criando mal-
vas. ¡Se van! ¡A ver qué van a hacer! Y una,
con gusto. Pero al Mariano no le hable usted de marchar. Qué se yo que coñas le da
el pueblo este que le tiene tanta ley como
a las niñas de sus ojos. ¿Estas? Ya ve, las
criaturitas, donde las lleven. Y una, con
gusto. ¿Pero él? ¡Para quieta de una vez,
Asun, o te doy un testarazo! ¿Por qué no
haces una visión para que te vean estos señores? La de ayer, anda, échatela. ¡Huuuy,
madre, la daba así! ¿Pero es que crees que
te van a comer? Es cobarde como él, pero
ande que cuando quiere gasta un pico. Pero

pasen ustedes, no se van a quedar aquí en
la calle. ¡A ver! Venir de seguida, bueno
es el Mariano; pero eso no quita. El no ga-
nará, pero, eso sí, no sabe parar quieto.
Esta mañana a las seis ya andaba en danza.
Me dijo: «Voy de un momento donde el
amo a echar de comer al ganado.» Lo que
yo le dije: «Para ti no hay lutos.» Ya ve,
por guasa, por lo del señor alcalde, a ver.
Desgracia, ninguna. Desde que murió mi difunta madre, para enero hará seis años,
nada. Claro que ahora salen con que desde
ayer es luto para todos, ya ve. Y yo, la verdad, aunque me esté mal el decirlo, nunca
oí mentar al señor ese. Dicen que era muy
bueno y que su señora estaba muy bien fachada, pero ¿qué quiero?, aquí en los pueblos, una ignorancia. Lo que es, si por mí
fuera ya andábamos a muchas leguas de
aquí. Pero al Mariano ¡madre! Lo que yo le
digo: «¿Qué te dan en este pueblo si puede
saberse?» El se pone loco: «Es mi pueblo
y yo no tengo por qué irme al pueblo de
otro, aunque me den 80 pesetas, ya lo sabes.» Y yo callo por tener la fiesta en paz,
pero yo me sé que el padre del Mariano,
sabe usted, estaba un poco así de la cabeza
y una vez se pasó tres días y tres noches
en el cabezo de Montesino comiendo tallos.
Y no es por gana de malmeter, pero su hermano Sátiro es inocente, que no es que yo
lo diga, que lo sabe todo el pueblo. Y yo

me pienso que malo será que al Mariano no
le haya quedado una reliquia así, en el cerebro. Porque tesonero y trabajador no hay
otro, pero cabezota... ¡Huuuy, madre! Cosa
que se le mete en la cabeza, caso perdido.
Ya ven ustedes, lo de don Daniel, un hombre bien bueno, pues él que con don Daniel
no sale al campo y antes se pone al hambre
que transigir. ¡Mírela! Es que no te puedes
parar, quieta. Anda, maja, haz unas visiones
delante de estos señores, que luego te dan
la propina. ¡Huuuy, madre! Es que la des-
crestaría, ¿eh? Cuando se pone burra no
hay quien pueda con ella. Y buena juerga
nos trajimos ayer. La cría ésta tiene cada
cacho ocurrencia que no vean. Mire que
cuando sale que tiene una hija legañosa, la
otra mocosa y la otra piojosa, la señora Justina se tumbaba a reír. Pues no les digo luego, cuando se asoma el alguacil y vocea:
« ¡Eh, que estamos de luto! » Para qué quería más la criatura. Y nosotras, ya sabe
usted, de que nos dicen que no podemos
reír, por lo del luto, ¿sabe?, pues más risa,
y así hasta reventar. ¡Jesús, qué criatura!
Y no es que una diga que el señor ese fuera
malo, pero, mire usted, aquí no le conocía-
mos y la pena si no viene de dentro no la
puede traer con un bando el señor alcalde;
eso fijo. Pero él que nones, y todo lo que se
le ocurre es decirles a los mozos que se aga-
rren pero sin música porque es una obliga-

ción estar de luto. Y ya ven, lo que ellos
dicen, si hoy es luto para bailar, también lo
es mañana para trabajar. ¡Huuuy, madre,
este Mariano! ¡Justi! Anda, ve ahí a la esquina a ver si viene la Doro. Y si ves al Mariano dile que están aquí los señores de
Bilbao, los que llamaron anoche, eso, él ya
sabe. Y tú, pasmarote, ¿por qué no te da la
gana de hacer una visión para que te vean
estos señores? Es lo que peor llevo, ¿eh?
Esta criatura, con los extraños nada. Digo
yo si no le quedará también una reliquia
del abuelo, así en el cerebro. Pero basta que
una ponga pasión en que haga títeres para
que no. ¡La daba así! Pues el Mariano igual.
¿Por qué no has de salir con don Daniel?
Pues porque no. No hay razones. Y no es
por tumbón, que, a Dios gracias, a tesonero
y trabajador a mi Mariano no le gana nadie. Pero es lo mismo con lo del pueblo. «Es
mi pueblo y yo no pinto nada en el pueblo
de otro.» Ya ven. Ignorancia, eso es lo que
es. Porque este pueblo, donde lo ven, ha
tenido ciento sesenta vecinos. ¿Ahora? Ni
a cincuenta alcanzará. Pero ¿por qué no pa-
san ustedes? Se van a quedar fríos. Tardar
no puede tardar, pero ya se conoce el relente. Y una, enferma que está. Miren qué
mano. El doctor que es la reuma; pero reuma tiene el señorito Cuqui y no se le ponen
los dedos corvos como la garra de un alco-
tán. Lo que yo digo: los males para los po-

bres. Y no es que yo me queje, que desnuda
nací y ahora estoy vestida, pero con las
60 pesetas, si no fuera por el marrano, a pan
y agua. Y una ya se va cansando de ser buena, mire usted; que siendo buena no se
come y todos tenemos necesidad. Y ya con
la andorga llena sería otra cosa, pero con
la andorga vacía una no está para lutos ni
los mozos para que les quiten el baile. Después de todo a ese señor poco servicio podemos hacerle ya, con luto o sin él. Y no
digo yo que fuera malo, pero, mire usted,
un pueblo es un pueblo y las cosas son como
son. Y si ustedes le dicen que a las nueve
en punto, el Mariano antes deja al amo que
desairarles. Pero como le dijeron de nueve
a diez, él coge y me dice: «Voy de un momento a echar de comer al ganado.» Anda,
que si él sabe esto, de qué. Pero él, confia-
do, se fue donde el amo y aunque el jornal
es corto, nunca falta donde arrimar el hombro. Y que mi Mariano no es de los que se
echan atrás, que ustedes ya le conocen.
Otros defectos tendrá, pero a tesonero y
trabajador no le gana nadie. El Mariano, la
verdad, no puede pararse quieto, que a ra-
tos pienso si no será también esto reliquia
del abuelo. Porque la taberna, nada, bien lo
sabe Dios. Y a él que la cerraran por el luto
o que no la cerraran, tanto le iba a dar. Pero
no es cosa de cerrar la taberna, verdad usted, por un hombre al que no se conoce, con

todo lo bueno que dicen que era, que hasta a los negros les guardaba ley, según dice don Bibiano. Porque lo que yo digo, a él, pobrecito, nada le va a quitar ni poner el que los mozos bailen o los hombres vayan a la taberna. ¡Mire esa! Asun, maja, ¿no harías unas pocas de visiones para que te vean estos señores? La de ayer, anda, échatela. ¡Jesús, que pasmarote! ¡Anda a casa! Cuando se pone así me dan ganas yo que sé de qué. ¡Anda de ahí, que te descresto!, ¿eh? Pero pasen ustedes, se van a quedar fríos. Parece que no, pero ya se conoce el invierno. Ve, ahí está el Mariano. ¡Vamos, Mariano, que llevan aquí media hora aguardando estos señores!

Indice

El Libro de Bolsillo Alianza Editorial Madrid.

Ultimos títulos publicados